Wilhelm Busch

Verloren – Gefunden

29 Botschaften über
einen verlorenen Sohn

clv

Christliche Literatur-Verbreitung e.V.
Ravensberger Bleiche 6 · 33649 Bielefeld

1. Auflage 2020
(Neuauflage des ursprünglichen Titels »Jesus – unsere Chance«)

Ravensberger Bleiche 6 · 33649 Bielefeld
Internet: www.clv.de

Satz: EDV- und Typoservice Dörwald, Steinhagen
Umschlaggestaltung: Christian Schumacher, München
Druck und Bindung: GGP Media GmbH, Pößneck

Artikel-Nr. 256415
ISBN 978-3-86699-415-7

Inhalt

Vorwort

Als man in der Nacht des 20.6.1966 in einem Lübecker Krankenhaus den plötzlichen Tod von Pastor Wilhelm Busch feststellte, verbreitete sich diese Nachricht wie ein Lauffeuer durchs ganze Land. Am anderen Tag gaben Funk und Fernsehen diese – für viele erschütternde – Meldung weiter.

Wer war dieser Mann?

Pastor Wilhelm Busch gehört zu den wenigen Menschen, deren Bekanntheitsgrad nach ihrem Tod von Jahr zu Jahr gewachsen ist.

Zu Lebzeiten war er vor allem im deutschsprachigen Raum bekannt. Heute kennt man seinen Namen in Sibirien ebenso wie in Südamerika oder am Kap der Guten Hoffnung.

Schon während seiner Lebenszeit erreichten seine Bücher eine Gesamtauflage von einigen hunderttausend Exemplaren.

Doch ein Buch, das erst nach seinem Tod erschienen ist, wurde inzwischen in alle wichtigen Weltsprachen übersetzt und allein in den letzten zehn Jahren in einer Auflage von mehreren Millionen Exemplaren weltweit verbreitet. In allen Erdteilen findet man heute Menschen, deren Leben nach der Lektüre des Buches »Jesus unser Schicksal« völlig verändert worden ist.

Wie wurde er zu diesem Mann?

Obwohl Wilhelm Busch aus einer bekannten Pastorenfamilie stammte, war er in jungen Jahren alles andere als religiös. Wenn man ihm als junger Offizier im Ersten Weltkrieg gesagt hätte: »Du wirst einmal in Kirchen predigen«, dann hätte er lauthals gelacht und abgewunken, denn Gott interessierte ihn damals nicht.

Das wurde allerdings anders, als er Monate später in einer Gefechtspause beim Vormarsch auf Verdun seinem Kameraden einen dreckigen Witz erzählte. Doch der konnte nicht mehr lachen, weil ihn im selben Moment ein feindlicher Granatsplitter mitten ins Herz getroffen hatte – er brach tot zusammen.

»Ich sehe mich noch an diesem Straßengraben stehen, als es mich wie ein grelles Licht, heller als der Atomblitz, überfiel:

›Der steht jetzt vor dem heiligen Gott!‹

Und die nächste Feststellung war: ›Wenn wir jetzt andersherum gesessen hätten, dann hätte es mich erwischt, und dann stünde ich jetzt vor Gott!‹

Da lag mein toter Freund. Und nach langen Jahren faltete ich zum ersten Mal die Hände und betete nur:

›Lieber Gott, lass mich nicht fallen, ehe ich weiß, dass ich nicht in die Hölle komme.‹«

Einige Tage später schloss er sich dann mit einem Neuen Testament in der Hand in einem kaputten französischen Bauernhaus ein, fiel auf die Knie und betete:

»Herr Jesus! In der Bibel steht, dass du gekommen bist von Gott, um ›Sünder selig zu machen‹. Ich bin ein Sünder.

Ich kann dir auch für die Zukunft nichts versprechen, weil ich einen schlechten Charakter habe. Aber ich möchte nicht in die Hölle kommen, wenn ich jetzt einen Schuss kriege.

Und darum, Herr Jesus, übergebe ich mich dir von Kopf bis zu den Füßen. Mach mit mir, was du willst!« –

»Da gab's keinen Knall, keine große Bewegung, aber als ich rausging, hatte ich einen Herrn gefunden, einen Herrn, dem ich gehörte.«

Und Wilhelm Busch hielt diesem Herrn die Treue. Als er nach dem Krieg Pfarrer wurde, hatte er zuerst in Bielefeld, dann aber bis an sein Lebensende in Essen Bergarbeitern und vor allem unzähligen jungen Menschen als Jugendpfarrer den Weg zu Jesus Christus gewiesen.

Als damals am 24.6.1966 eine riesige Menschenmenge erschüttert seinem Sarg zum Essener Ostfriedhof folgte, war ich als zwanzigjähriger »Zivi« auch einer von denen, die weinend hinterherzogen, weil sie diesem Mann das Entscheidende im Leben verdanken.

Auf der Beerdigungsnachfeier brachte Dr. Gustav Heinemann, der spätere Bundespräsident von Deutschland, in einer Ansprache das Geheimnis dieses Mannes auf den Punkt:

»Wo er zugegen war, passierte immer etwas. Das Eigentliche an ihm aber war dieses, dass er ein glaubhafter und alle Vorbehalte durchstoßender Bote seines Herrn war.«

Was hat dieser Mann heute noch zu sagen?

In dem vorliegenden Buch kommt noch einmal dieser Mann, dem die Freude an seinem Herrn aus allen Knopflöchern strahlte, zu Wort – und zwar durch seine Vorträge über das bekannte Gleichnis vom »verlorenen Sohn«. Er hat sie in den Nachkriegsjahren vor einer durch den Zweiten Weltkrieg desillusionierten Zuhörerschaft gehalten.

Auch nach über siebzig Jahren haben diese Ansprachen nichts an Aktualität verloren, weil der Wohlstand und der Materialismus der letzten Jahrzehnte keine Antwort auf die Fragen nach Sinn und Ziel des Lebens gegeben haben. Jesus ist unsere einzige Chance, die sich nicht als Illusion entpuppt.

Überzeugen Sie sich selbst.

Wolfgang Bühne

Ein Mensch hatte zwei Söhne. Und der jüngere von ihnen sprach zu dem Vater: Gib mir, Vater, das Erbteil, das mir zusteht. Und er teilte Hab und Gut unter sie. Und nicht lange danach sammelte der jüngere Sohn alles zusammen und zog in ein fernes Land; und dort brachte er sein Erbteil durch mit Prassen. Als er nun all das Seine verbraucht hatte, kam eine große Hungersnot über jenes Land, und er fing an zu darben und ging hin und hängte sich an einen Bürger jenes Landes; der schickte ihn auf seinen Acker, die Säue zu hüten. Und er begehrte, seinen Bauch zu füllen mit den Schoten, die die Säue fraßen; und niemand gab sie ihm. Da ging er in sich und sprach: Wie viele Tagelöhner hat mein Vater, die Brot in Fülle haben, und ich verderbe hier im Hunger!

Ich will mich aufmachen und zu meinem Vater gehen und zu ihm sagen: Vater, ich habe gesündigt gegen den Himmel und vor dir. Ich bin hinfort nicht mehr wert, dass ich dein Sohn heiße; mache mich zu einem deiner Tagelöhner!

Und er machte sich auf und kam zu seinem Vater. Als er aber noch weit entfernt war, sah ihn sein Vater und es jammerte ihn; er lief und fiel ihm um den Hals und küsste ihn. Der Sohn aber sprach zu ihm: Vater, ich habe gesündigt gegen den Himmel und vor dir; ich bin hinfort nicht mehr wert, dass ich dein Sohn heiße. Aber der Vater sprach zu seinen Knechten: Bringt schnell das beste Gewand her und zieht es ihm an und gebt ihm einen Ring an seine Hand und Schuhe an seine Füße und bringt das gemästete Kalb und schlachtet's; lasst uns essen und fröhlich sein! Denn dieser mein Sohn war tot und ist wieder lebendig geworden; er war verloren und ist gefunden worden.

Und sie fingen an, fröhlich zu sein. Aber der ältere Sohn war auf dem Feld. Und als er nahe zum Hause kam, hörte er Singen und Tanzen und rief zu sich einen der Knechte und fragte, was das wäre. Der aber sagte ihm: Dein Bruder ist gekommen, und dein Vater hat das gemästete Kalb geschlachtet, weil er ihn gesund wieder-hat.

Da wurde er zornig und wollte nicht hineingehen. Da ging sein Vater heraus und bat ihn. Er antwortete aber und sprach zu seinem Vater: Siehe, so viele Jahre diene ich dir und habe dein Gebot noch nie übertreten, und du hast mir nie einen Bock gegeben, dass ich mit meinen Freunden fröhlich gewesen wäre. Nun aber, da dieser dein Sohn gekommen ist, der dein Hab und Gut mit Huren verprasst hat, hast du ihm das gemästete Kalb geschlachtet. Er aber sprach zu ihm: Mein Sohn, du bist allezeit bei mir, und alles, was mein ist, das ist dein. Du solltest aber fröhlich und guten Mutes sein; denn dieser dein Bruder war tot und ist wieder lebendig geworden, er war verloren und ist wiedergefunden.

Lukas 15,11-32

Die große Enthüllung

Und er sprach:
Ein Mensch hatte zwei Söhne.
Lukas 15,11

Der Apostel Paulus hat einmal das Wesen des Evangeliums mit den seltsamen Worten geschildert: »Was kein Auge gesehen hat und kein Ohr gehört hat und in keines Menschen Herz gekommen ist« – das ist es (1. Korinther 2,9).

Es handelt sich also im Evangelium nicht um irgendwelche Dogmen, die die Kirche sich ausgedacht hat und die sie nun in verbohrtem Eigensinn anderen aufzudrängen versucht.

Es handelt sich im Evangelium vielmehr um neue und unerhörte Dinge; nicht um Dinge, die ein Forscherauge entdeckt hat; nicht um Dinge, die irgendein neugieriges Ohr aufgeschnappt hat; nicht um Dinge, die sich ein Menschenherz ausgedacht hat. Es handelt sich im Evangelium um völlig unerhörte Dinge, wir könnten sagen: um »Enthüllungen«.

Wo etwas *enthüllt* wird, da muss zuerst etwas *verhüllt* worden sein. Wo etwa eine Unterschlagung enthüllt wird, da hat man zunächst etwas zugedeckt und verborgen.

Enthüllungen können deshalb sehr peinlich sein. Ich glaube, darum hassen die Menschen die Bibel, weil ihnen deren Enthüllungen peinlich sind.

Ich habe heute nur einen Vers aus dem Evangelium gelesen. Aber welche großen Wahrheiten sind darin enthalten!

Die Bibel lehrt uns, dass mit dem Sündenfall eine allgemeine Verhüllung stattgefunden hat. Das ist das Wesen der Sünde, dass sie alles ins Heimliche und ins Finstere stellt. Vor dem Sündenfall war alles hell, licht und klar. Aber dann kam der Sündenfall. Und nun trat eine allgemeine Vermummung ein.

Ja, das Unheimliche ist, dass sogar Gott sich daran beteiligt.

Vor dem Sündenfall, hören wir, wandelte Gott sichtbar unter den Menschen. Aber die Sünde hat gemacht, dass Gott sich verhüllte, ein verborgener Gott wurde. Ja, er ist ein verborgener Gott. Die Menschen suchen ihn hinter allerlei Masken.

»In der Natur muss er stecken!« Aber Gott ist nicht da.

»In den großen Weltgeschehnissen muss er zu finden sein!« Aber da sind ganz andere Mächte.

»In mir selbst muss er sein!« Aber man findet in sich alles, nur nicht Gott.

Gott ist verhüllt. Und wo er auftritt, da geschieht es in einer Wolkensäule, die ihn auch verhüllt. Ja, auch als er sich im Sohn offenbarte, war der Sohn Gottes in Knechtsgestalt verhüllt. Und die Vernunft erkennt ihn nicht.

Aber nicht nur Gott ist verhüllt. Auch der Teufel. Er kann sich nicht wie Gott verbergen. So verhüllt und verstellt er sich. Die Bibel sagt: »Er verstellt sich in einen Engel des Lichts.« Er redet von Religion. Er behauptet, er wolle Menschen zu wahrer Freiheit und menschlicher Würde führen.

Und wenn er den Menschen zuchtlos und haltlos und gottlos gemacht hat, dann heißt's am Schluss wie bei Gretchen im »Faust«: »Doch – alles, was dazu mich trieb, Gott! war so gut! ach, war so lieb!« Aber nicht nur Gott und die Hölle treiben Mummenschanz, sondern vor allem der Mensch. Nach dem Sündenfall versteckte sich Adam hinter den Büschen des Gartens. Das war noch primitiv. Wir haben das Maskieren inzwischen besser gelernt. Der Gottlose redet von neuen wissenschaftlichen und religiösen Erkenntnissen. Der Geizige behauptet, er sei sparsam. Der Faule sagt: »Ich bin eben kein Streber.« Der Lieblose sagt, er sei unverstanden. Der Unkeusche rühmt seine vitale Menschlichkeit. Der Verleumder nennt sich »Freund der Wahrheit«. Der Sünder lügt, sein Wahlspruch heißt: »Ich tue recht und scheue niemand.« Der Sorgengeist sagt, er sei eben treu im Irdischen.

Welch ein Karneval! Welch eine Vermummung! Wem das zum ersten Mal aufgeht, der meint, er müsse ersticken in dieser Welt der Verhüllung, des Scheines, der Verstellung.

Wo ist denn Wahrheit? Licht? – Ich will's euch sagen: Im Wort Gottes. Das Wort Gottes bedeutet die große Enthüllung.

Hier wird Gott enthüllt und der Teufel und der Mensch. Dieses Wort Gottes – wer es liest, jubelt: »Dein Wort macht mich klug!«, und: »In deinem Licht sehen wir das Licht!«

Gott wird offenbar

»Ein Vater hatte zwei Söhne.« In diesem einen Wort wird Gott enthüllt. Wer ist Gott? Gott ist nicht ein »höheres Wesen«, »Schicksal«, »Vorsehung«, »Naturkraft«. Gott ist »Vater«. Das hat kein Mensch von selber gewusst. Das Evangelium enthüllt es.

Gott ist »Vater«. Wie soll ich klarmachen, was das bedeutet? Wir kennen alle nur irdische Väter. Und das sind – im Vergleich zu Gott – doch nur schlechte Väter.

Als ich einst im Gefängnis war, hatte ich in heißen Kämpfen mein Herz gestillt. Es war Stille um mich und still in mir. Da hörte ich eines Tages draußen ein Kind bitterlich weinen. Ich sah es nicht. Ich hörte es nur. Ich bildete mir irrtümlich ein, es sei eines der meinen. Da brach die innere Stille zusammen. Mein Herz tobte in mir. Und da begriff ich, was »Vater« heißt: dass einem das Herz entbrennt für seine Kinder; dass man sie liebt, mehr als alles in der Welt.

Gott ist »Vater«. Und wir sind seine Kinder. Seine bösen Kinder. Seine weggelaufenen Kinder. Aber – seine Kinder. Welch selige Enthüllung des Evangeliums!

Kinder können von ihren Eltern gehen. Männer haben – Gott sei's geklagt – ihre Frauen verlassen. Der Freund kann den Freund verlassen. Aber kann ein Vater von seinem Kind lassen?

Die Bibel erzählt die erschütternde Geschichte von Absalom, der sich gegen seinen Vater David empört. David muss fliehen, es gibt furchtbare Kämpfe. Und in diesen Kämpfen kommt Absalom um. Als David diese Siegesnachricht bekommt, ist nicht eine Spur von Freude in ihm. Nur *ein* Jammer bricht heraus: » Mein Sohn Absalom, mein Sohn, mein Sohn Absalom! Wäre *ich* doch an deiner statt gestorben!«

Und Gott ist »Vater«, noch ganz anders »Vater«, als wir es verstehen. Wisst ihr, warum die Welt so unglücklich ist? Weil sie es ohne den Vater versucht. Sieh doch nach Golgatha, du verlaufenes Kind Gottes, sieh dem Heiland ins sterbende Angesicht! Und du wirst erkennen, wie Gottes Herz bricht für dich.

Selig, wer mit den Heiligen singen kann: »O Vaterherz, o Licht und Leben! O treuer Hirt Immanuel! … Ich will mich nicht mehr selber führen. Der Vater soll sein Kind regieren.«

Der Mensch wird entlarvt

Ja, auch der Mensch, du und ich, wir werden in dieser Geschichte entlarvt. »Ein Mensch hatte zwei Söhne.« In diesen beiden ist die ganze Menschheit dargestellt und repräsentiert. Jeder findet sein Bild in einem der beiden Söhne.

Was ist nun der Mensch? Gott ist der rechte Vater. Sind wir rechte Kinder? Nein! Beide Söhne sind böse, verstockte und abtrünnige Kinder. Beide haben eine gebrochene Stellung zum Vater. Beide sehen in Gott nur den Feind oder eine Last.

So sind wir! Gott ist uns eine Last. Es wäre uns angenehmer, wir könnten die Welt ohne ihn teilen.

Nur zwei Söhne gibt es. Nur zwei Menschensorten. Der eine Sohn läuft weg und lebt in Leichtsinn ohne den Vater. Und der andere bleibt zu Hause. Aber es geht ihm nicht um den Vater, sondern um den Lohn.

So sind wir! So entlarvt uns die Bibel. Hier wird zugleich das Wesen der Welt enthüllt. Was ist die Welt? Eine grauenvoll zerstörte Gottesfamilie. Jede

Zeitung ist nur die Berichterstattung aus einer zerstörten Gottesfamilie.

Nun fragt vielleicht einer: Soll *das* Evangelium sein – diese schwere, unerträgliche Wahrheit, dass wir eine zerstörte Gottesfamilie sind, in der der Vater sich versteckt und verhüllt und die Kinder in Jammer, Leid und Sünde untergehen?

O nein! Das Evangelium sagt mehr. Es verkündet: Gott hat sich enthüllt. Der Vater hat den erstgeborenen Sohn gesandt, dass er sich unser erbarme. Darum ist Jesus gekommen, gestorben und auferstanden, um die zerstörte Gottesfamilie wiederherzustellen.

Gebt euren Trotz, euer Widerstreben auf! Kehrt heim! Glaubt an den Sohn!

Wer an den Sohn glaubt, von dem heißt es: Nun sind wir in der Gottesfamilie nicht mehr Fremdlinge, sondern Hausgenossen.

Darum hat die Gemeinde Jesu in der Welt eine so große Bedeutung, weil sie der neue Anfang der Gottesfamilie ist. Sie ist die große Verheißung der Zukunft in allem Jammer der Welt.

»Ein Mensch hatte zwei Söhne.« Wenn wir doch rechte Kinder Gottes würden: gedemütigt – aber geheilt; bußfertig – aber nach Hause gekommen; einst verirrt – aber »nun bekehrt zu dem Hirten und Bischof unserer Seelen«!

Die Abkehr vom Vater

Und der jüngere von ihnen sprach zu dem Vater:
Gib mir, Vater, das Erbteil, das mir zusteht.
Und er teilte Hab und Gut unter sie.
Und nicht lange danach sammelte der jüngere Sohn
alles zusammen und zog in ein fernes Land;
und dort brachte er sein Erbteil durch mit Prassen.
Lukas 15,12-13

In vielen Dingen unseres Lebens sind Ursache und Wirkung so fest miteinander verknüpft, dass, wenn das eine eintritt, mit Notwendigkeit das andere folgen muss. Wer sich im Strandbad unvernünftig in die Sonne legt, weil er partout braun werden will – der *muss* eben einen wüsten Sonnenbrand kriegen. Und wer mit seinem Geld nicht haushalten kann, der *muss* am Ende eines Monats hungern.

Wisst ihr, dass Gottes Wort auch von solch einem Gesetz von Ursache und Wirkung spricht? In Jeremia 2,19 lesen wir: »… du musst innewerden und erfahren, was es für Jammer und Herzeleid bringt, den Herrn, deinen Gott, zu verlassen …«

Man kann dieses Wort auf die Welt anwenden. Wie oft werde ich gefragt: »Wie kann Gott nur all den Jammer in der Welt zulassen?« Darauf gibt es nur eine

Antwort: »… du musst innewerden und erfahren, was es für Jammer und Herzeleid bringt, den Herrn, deinen Gott, zu verlassen.«

Man kann dieses Wort auf unser Volk anwenden. Und dann kann einem Angst und Bange werden.

Wir aber wollen es auf uns selbst anwenden. Das ist immer das Fruchtbarste beim Betrachten von Gottes Wort.

Unser Text erzählt uns in drei Akten, wie es zugeht, wenn man den Herrn, seinen Gott, verlässt.

Der erste Akt

»Und der jüngere von ihnen sprach zu dem Vater: Gib mir, Vater, das Erbteil, das mir zusteht.«

Dieses Wort zeigt uns den natürlichen Menschen in seinem Normalzustand, in dem er noch an Gott glaubt und auch Religion hat. Aber er weiß nichts vom Heil Gottes in Jesus und von Wiedergeburt und vom Leben mit Gott. Ich bin überzeugt, dass viele von uns hier ihr eigenes Bild finden.

Der Sohn ist noch beim Vater – so, wie der natürliche Mensch in der Nähe Gottes geboren ist. Die Bibel sagt: »… fürwahr, er ist nicht ferne von einem jeden unter uns« (Apostelgeschichte 17,27).

Der Sohn spricht sogar mit dem Vater. Aber was

ist dies für ein armseliges Gebet! »Gib mir, Vater, das Erbteil, das mir zusteht.« Eine Eiseskälte schlägt uns hier entgegen. So steht der nicht wiedergeborene Mensch vor seinem Gott: eiskalt. Ich habe Menschen gesehen, die sind aus dem Häuschen geraten, wenn sie ihren Hund oder ihren Wellensittich verloren. Aber um Gott haben sie keine Träne geweint. Ich habe Menschen gesehen, denen ihr Glück aus allen Knopflöchern strahlte, wenn sie Gehaltszulage bekamen. Aber die Liebe Gottes, des Vaters, ließ ihr Herz noch nie schneller schlagen.

Prüft euch, Freunde, ob ihr auch so kalt seid! Dann ist man, trotz all seiner Religion, ein verlorener Sohn.

Wie betet der? »Gib mir, Vater …« Ja, der nicht wiedergeborene Mensch betet auch. Aber wie armselig betet er! In diesem Gebet ist kein Dank für alle Güte des Vaters. Dieses Gebet ist kein Ausdruck der herzlichen Liebe. O nein! »Gib mir, Vater …« Man braucht den Vater nur, wenn man etwas von ihm will.

Du behandelst Gott wie einen Kellner. Nicht wahr, an einem Kellner liegt dir nichts. Er soll nur etwas Gescheites bringen. So machst du es mit Gott. Man will etwas von ihm, aber nicht ihn selbst.

»Gib mir!«, sagt der Sohn. Und da offenbart er sein Herz. Ja, so ist unser Herz: Es geht uns nur um uns. *Was kümmert mich der Vater*, denkt der Sohn, *und was kümmert mich mein Bruder? Ich will mein Teil.* »Vater, gib mir …« Dieses »Ich«, das sich durchsetzen will, hat dem Sohn den Jammer gebracht. Und daher kommt alle unsere Not, unsere Unruhe, unser Unfriede. O selige Erlösung, wenn unser dickes Ich mit Christus gekreuzigt ist!

»Gib mir, Vater …« Seht, das Gleichnis ist eine unwahrscheinliche Geschichte. Ein irdischer Vater hätte wahrscheinlich seinem Sohn die Bitte abgeschlagen. Aber Gott ist anders. Er lässt die Menschen ihre eigenen Wege gehen. So gibt er. Ja, Gott gibt ununterbrochen: Leben, Gesundheit, Geld, Gut, Essen, Kleidung, Sonne, Regen. Ja, er gibt seinen Sohn, »damit wir das Leben und volle Genüge haben sollen«.

Und der Sohn nimmt. Ich höre nirgendwo, dass er »Danke« sagt. So sind wir.

Der zweite Akt

»… und zog in ein fernes Land.«

In dem bisher geschilderten Zustand kann der Mensch nicht auf die Dauer bleiben. »Religion muss sein«, sagen die Leute. Und da meinen sie: Es ist ganz gut, wenn man so einen Gott weiß als Zuflucht und Trost. – Aber der Vater verlangt nun, dass wir seine Gebote halten: »Du sollst deinen Vater und deine Mutter ehren!«, »Du sollst den Feiertag heiligen!«, »Du sollst nicht ehebrechen!«, »Du sollst nicht töten – nicht stehlen! – nicht falsch Zeugnis reden!« Und das wird dem Sohn lästig. Man will doch nicht dauernd die vorwurfsvollen Blicke sehen, wenn man mal ein bisschen über die Stränge schlägt. Man will doch nicht dauernd ein schlechtes Gewissen haben. – Einmal sagte einer: »Ich tue meine Pflicht. Und wenn Gott mehr verlangt, ist er ein Kleinigkeitskrämer.« So spricht der natürliche Mensch, dem es in der Nähe Gottes zu eng wird.

Da fasst er einen Entschluss. Nicht sofort. Einen Augenblick erschrickt er selbst davor. Wir lesen: »Und nicht lange danach …« Es ist doch eine Sache, seinem Gott den Rücken zu kehren! Aber dann geht er doch. »… und zog in ein fernes Land.« Man kann auch nach dem griechischen Text übersetzen »in ein weites Land«. Ach ja, das ist eine weite Welt ohne Gott! Da leben Millionen Menschen ohne ihn und sind froh und frei. Na also! Was soll man dann noch länger an diesem rückständigen Vaterhaus festhalten?! Mit der Zeit muss man gehen!

Der Herr Jesus erzählte diese Geschichte im jüdischen Land. Und da müssen wir auf einen bemerkenswerten Zug achten. Im Land Jesu galten Schweine als unrein. In dem weiten Land, wohin der verlorene Sohn zog, gab's Schweine. Da war der Unterschied von rein und unrein aufgehoben. Und das zog den jungen Mann. »Herrlich!«, sagte er, »das Land ohne Hemmungen!« Da hatten junge Männer ihre »Freundin«, und keiner fand etwas dabei. Da konnte man lügen und galt als schlau. Da konnte man sich streiten, fluchen, wie man wollte. So zog er weg. Nein, er stahl sich weg.

Fern – vom Vater. Wie viele ziehen so weg von Gott! Ist hier einer, der gerade sein Bündel schnürt, dann möchte ich ihm sagen: Von nun an steht über dem Leben des jungen Mannes der Satz: »… du musst innewerden und erfahren, was es für Jammer und Herzeleid bringt, den Herrn, deinen Gott, zu verlassen …«

Der dritte Akt

»… und dort brachte er sein Erbteil durch mit Prassen.«

Es ist zum Verwundern, wie Jesus erzählt. Nicht wahr, wir würden gerne Näheres über diese Zeit wissen. Aber so ist die Bibel. Wenn sie von der Sünde spricht, hat sie nur einen Satz: »… und dort brachte er sein Erbteil durch mit Prassen.« Die Bibel braucht uns das Leben ohne Gott nicht zu schildern. Das kennen wir ja.

So lebt der junge Mann, als könne er in alle Ewigkeit so weiterleben. Aber es geht nicht immer so weiter. Auch mit uns nicht. »Es ist den Menschen gesetzt, einmal zu sterben; danach aber das Gericht« (Hebräer 9,27).

Lassen wir den verlorenen Sohn und sehen noch einmal zurück. Was tut der Vater? Von der Stunde an, da der Sohn auszieht, beginnt er zu warten, ob der verlorene Sohn nicht umkehre. Ströme der Liebe sendet er hinter ihm her. »Ich streckte meine Hände aus den ganzen Tag«, sagt Gott in seinem Wort (Jesaja 65,2).

Es gibt ein ergreifendes Bild von Burnand. Da steht der Vater auf dem Dach seines Hauses und schaut nach dem Sohn aus. Er hat die Hand über die Augen gelegt und späht. Er ist nur Sehnsucht und Liebe und Erwartung. Weißt du, dass Gott so nach dir ausschaut?

Doch er tut noch viel mehr: »Denn also hat Gott die Welt geliebt, dass er seinen eingeborenen Sohn gab, damit alle, die an ihn glauben, nicht verloren werden, sondern das ewige Leben haben« (Johannes 3,16).

Ein Leben fern von Gott

Als er nun all das Seine verbraucht hatte,
kam eine große Hungersnot über jenes Land,
und er fing an zu darben und ging hin und
hängte sich an einen Bürger jenes Landes;
der schickte ihn auf seinen Acker, die Säue zu hüten.
Und er begehrte, seinen Bauch zu füllen mit den
Schoten, die die Säue fraßen; und niemand gab sie ihm.
Lukas 15,14-16

Bei meinen vielen Gesprächen, die ich mit Menschen über das Seligwerden führe, stoße ich immer wieder auf einen verhängnisvollen Irrtum. Da sagt so ein nicht wiedergeborener Mensch: »Ich glaube auch an Gott.« Ach, Freunde, wenn's darauf ankäme! Der verlorene Sohn hat auch an den Vater geglaubt. Er hat keinen Augenblick gezweifelt, dass irgendwo in der Ferne auch sein Vater sei. Aber all sein Unheil kam daher, dass er so fern vom Vater war.

So steht's mit uns. Ob wir an Gottes Existenz glauben oder nicht – das ist völlig belanglos. Die Frage für uns ist: Haben wir Frieden mit Gott? Leben wir mit Gott und aus Gott?

Unser Text zeigt uns ein Leben fern von Gott. Ich würde genauer sagen: Der Text zeigt uns, wohin ein Leben, fern von Gott, führt. Das Leben fern von Gott hat ja auch eine lustige und fröhliche Seite. Davon war vorher die Rede: »… und zog in ein fernes Land; und dort brachte er sein Erbteil durch mit Prassen.« Da ging's hoch her. Und die drei eigentlichen Herrscher der Welt – »des Fleisches Lust, der Augen Lust und das hoffärtige Leben« (siehe 1. Johannes 2,16) – schwangen ein fideles Zepter.

Aber das geht nur eine kurze Zeit. Dann wird's offenbar, was ein Leben fern von Gott wirklich heißt.

Ein Leben im Hunger

»Als er nun all das Seine verbraucht hatte, kam eine große Hungersnot über jenes Land, und er fing an zu darben.« Und später heißt es: »Und er begehrte, seinen Bauch zu füllen mit den Schoten, die die Säue fraßen; und niemand gab sie ihm.«

Ich habe von einer Familie gehört, die es erfahren hat wie der verlorene Sohn. Das waren Leute, denen es gut ging.

Und als ihnen eines Tages ein treuer Zeuge Jesu sagte, sie möchten doch den Heiland in ihr Herz und Haus lassen, da lächelten sie überlegen. Und der Mann meinte: »Oh, wir wollen schon so fertigwerden. Wir sind doch aufgeklärte Leute.«

Wenige Jahre später war der Sohn im Streit von zu Hause weggegangen. Die Mutter lag leidend auf ihrem Schmerzenslager. Sie rief nach ihrer Tochter. Aber die war immer außer Haus, um sich zu vergnügen. Verzweifelt saß der Mann in seinem Büro, um sein zusammenbrechendes Geschäft zu retten. »So, nun holt euch Kraft, Trost, Hoffnung aus eurer Aufklärung!«, höhnte der Teufel. »Und sie fingen an, Mangel zu leiden.«

Doch es braucht gar nicht so schlimm zu kommen! Denkt nur an Zachäus, der dort mit hungrigem Herzen auf dem Maulbeerbaum sitzt. Er hat Geld und Gut. Aber seine arme Seele verschmachtet.

Der berühmte Redner Cicero hat einmal gesagt: »Nachdem ich alles durchgemacht habe, finde ich nichts, das mir Ruhe brächte.«

Und wie wird dieses Mangelleiden, dieses Darben und Entbehren erst im Sterben offenbar! Sag, was soll dich denn im Sterben trösten? Die genossene Lust? Die klagt dich nur an. Dein Geld? Das musst du zurücklassen. Deine erfüllte Pflicht? Die bringt dich nicht in den Himmel. Da geht es einem wie dem gottlosen König Heinrich VIII. von England. Der soff noch ein Glas Wein aus und sagte: »So, ihr Herren, nun ist alles dahin – Reich, Seele, Leib und Leben.«

Vom verlorenen Sohn heißt es: »Er fing an, Mangel zu leiden.« Nun, war das schlimm? Lebte er nicht in einem reichen, weiten Land? Er schaut sich um. Aber – da sieht er dieses Land auf einmal in einem neuen Licht: Hier ist auch Hungersnot.

Ja, so geht's. Erst erscheint einem die Welt so herrlich. Aber wenn die Not an die Seele geht, dann entdeckt man: Diese Welt hungert ja auch! Lauter sterbende, hungernde Seelen! Die Seele lebt nur vom Wort Gottes. Und von dem Sünderheiland, der gesagt hat: »Ich bin das Brot des Lebens« (Johannes 6,35). Aber diese Speise hat die Welt abgetan und verworfen. Kein Wunder, dass nun eine große geistliche Hungersnot anbricht.

»... kam eine große Hungersnot über jenes Land ...« Diese Hungersnot hat begonnen. Von ihr lesen wir in Amos 8,11-13: »Siehe, es kommt die Zeit, spricht Gott der Herr, dass ich einen Hunger ins Land schicken werde, nicht einen Hunger nach Brot oder Durst nach Wasser, sondern nach dem Wort des Herrn, es zu hören; dass sie hin und her von einem Meer zum andern, von Norden nach Osten laufen und des Herrn Wort suchen und doch nicht finden werden. Zu der Zeit werden die schönen Jungfrauen und die Jünglinge verschmachten vor Durst ....«

Arme Welt! Wie gut haben es die Kinder Gottes! »Der Gerechte kann essen, bis er satt ist ...« (Sprüche 13,25). Sie haben das Brot des Lebens: Jesus. Und sie rühmen: »Der Herr ist meine Stärke und mein

Schild; auf ihn hofft mein Herz und mir ist geholfen. Nun ist mein Herz fröhlich, und ich will ihm danken mit meinem Lied« (Psalm 28,7).

Ein Leben in der Erniedrigung

»… und ging hin und hängte sich an einen Bürger jenes Landes; der schickte ihn auf seinen Acker, die Säue zu hüten.« Das war ein saurer Gang für den verwöhnten jungen Mann. Aber so geht's. Wer die Liebe des Vaters verschmäht, der muss die Kälte der Menschen erfahren. Wer nicht zum Herrn gehen will, der muss sich an Menschen hängen und ein Knecht der Menschen werden.

»… der schickte ihn auf seinen Acker, die Säue zu hüten.« Da gab es kein langes Reden und Bitten. Da gab es nur harte Notwendigkeit. Ja, die Welt war seine Freundin. Um dieser Freundin willen hatte er seinen Vater und Gott drangegeben. Nun behandelte ihn die Welt nach ihrer Weise. »… du musst innewerden und erfahren, was es für Jammer und Herzeleid bringt, den Herrn, deinen Gott, zu verlassen …«

Über den »Bürger« dieses gottfernen Landes muss ein Wort gesagt werden. Der berühmte Prediger Theremin sagt von ihm: »Wer ist er, dieser Bürger; diese Gestalt, die Christus in absichtlichem Dunkel schweben lässt; dieser, der da wohnt im Lande des verzehrenden, ewigen Hungers; dieser Herr, dem sich die um Lohn verdingen, welche den Dienst Gottes verlassen haben? Wir wollen ihn nicht nennen. Nur den Entschluss wollen wir fassen, die Sünde, wodurch er uns beherrscht, zu fliehen.«

»… der schickte ihn auf seinen Acker, die Säue zu hüten.« Jesus erzählte die Geschichte in einem Land, in dem Schweine als unrein galten. Jeder verstand den Hinweis: Nun ist der Sohn ganz und gar eingegangen in die Welt der Unreinheit. Nun muss er ihr dienen.

So geht's mit der Sünde. Erst spielen wir mit ihr. Dann beherrscht und erniedrigt sie uns. Erst wollen wir – dann müssen wir. Der Teufel verspricht jedem zuerst Freiheit, dann schlägt er ihn in Ketten. Was hilft's, dass der verlorene Sohn mit den Zähnen knirscht über seine Erniedrigung! Er muss in der Welt der Unreinheit leben.

D. Humburg sagte einmal: »Nicht nur die Hölle ist traurig. Auch der Weg dorthin. Wie manch einer, der es gut haben könnte im Vaterhaus und der einmal den Frieden Gottes empfunden hat, lebt ein Hundeleben, das schon eine Hölle auf Erden ist. Manche Ehe, manches Familienleben, manche Quälerei im Beruf zeigt den unheimlichen Schein, den die Hölle schon in das Leben der Menschen vorauswirft.«

Ein Leben ohne Gott ist ein Leben der Erniedrigung. Aber das Gegenteil ist auch wahr: Ein Leben mit Gott, ein Leben in der Gnade – das ist ein erhöhtes und freies Leben. Im Loblied der Hanna heißt es: » Er hebt auf den Dürftigen aus dem Staub und erhöht den Armen aus der Asche, dass er ihn setze unter die Fürsten und den Thron der Ehre erben lasse« (1. Samuel 2,8).

Ein Leben in der Einsamkeit

Hier steht ein erschütterndes Wörtlein, das Wörtlein »niemand«. »… und niemand gab sie ihm.« O du junger Mann, wo sind deine Freunde von einst? Wo sind sie? Merkst du nun, dass du gar keine hast? Und den einen, der es gut mit dir meinte, den hast du verlassen. Merkst du nun, dass deinen Freunden gar nichts an dir lag? Sie wollten etwas *von* dir. An dir selbst lag ihnen gar nichts. Nun bist du todeinsam.

Kennt ihr den Kupferstich des jungen Dürer vom verlorenen Sohn? Ein großes Gehöft und ein weites Land sind da dargestellt. Aber – kein Mensch ist ringsum zu sehen. Nur der verlorene Sohn. Händeringend kniet er zwischen den grunzenden Schweinen.

Ganz einsam! Leben ohne Gott macht ganz einsam. Das ist einfach eine Erfahrung. Denkt an das einsame Ende von Judas!

Wie anders ist es im Vaterhaus! Freunde, ich habe Zeiten gehabt, wo ich tagelang keinen Menschen zu sehen bekam. Aber ich erfuhr: Jesus macht sein Wort wahr: »… ich bin bei euch alle Tage bis an der Welt Ende« (Matthäus 28,20). Und ich erlebte die Gemeinschaft im Heiligen Geist mit der triumphierenden Gemeinde Jesu, mit der oberen Schar, und mit den Brüdern und Schwestern der kämpfenden Gemeinde Jesu! »Oh, wie lieb ich, Herr, die Deinen, die dich suchen, die dich meinen …«

Die Erweckung – Erster Teil

Da ging er in sich und sprach:
Wie viele Tagelöhner hat mein Vater,
die Brot in Fülle haben,
und ich verderbe hier im Hunger!
Lukas 15,17

Es gibt ein Kinderverschen, das heißt: »Ich bin ein kleines Kindelein, und meine Kraft ist schwach. Ich möchte gerne selig sein und weiß nicht, wie ich's mach.«

Ich glaube, so geht es sehr vielen Menschen. Sie möchten gerne selig werden, sie möchten gerne Frieden mit Gott, sie möchten gerne einmal in den Himmel kommen – aber sie wissen nicht, wie sie es machen sollen.

Solche Leute bitte ich, recht aufzumerken und dem Wort Gottes Ohr und Herz zu öffnen. Denn in diesen und den folgenden Versen zeigt uns der Herr Jesus recht genau den Weg zur ewigen Errettung.

Als mein Vater auf dem Sterbebett lag, sagte er einmal so recht vergnügt vor sich hin: »Ich möchte gerne selig sein und weiß auch, wie ich's mach.« Wie wünschte ich, dass wir alle solche Leute würden, die so reden könnten!

Der erste Schritt auf dem Weg dahin ist die Erweckung.

Da sieht man sein Elend

»… und ich verderbe hier im Hunger!«, sagt der verlorene Sohn. Der Mensch ohne den Heiland ist so furchtbar elend. Furchtbar elend schon im Leben, erst recht im Sterben und vor allem in Gottes Gericht. Da heißt's überall: »Ich verderbe!«

Wie kam es denn bei dem verlorenen Sohn zu diesem Zustand? Sein ganzes Leben war abgestellt auf das eine: »Ich will meine Begierde stillen.« Zuerst war es die Begierde nach der Welt: »… und zog in ein fernes Land.« Dann waren's sehr niedrige Begierden. Wir hören drei Sätze über das Leben des jungen Mannes, die alle davon zeugen, dass er nur den einen Wunsch hatte, die Begierden zu stillen: »… und dort brachte er sein Erbteil durch mit Prassen.« »Als er nun all das Seine verbraucht hatte …« »Und er begehrte, seinen Bauch zu füllen mit den Schoten, die die Säue fraßen …«

Begierde! Begierde! Und das Ende aller Bemühungen, die Begierde zu stillen: »… und ich verderbe hier im Hunger!« Da habt ihr das Bild des natürlichen Menschen, der nichts weiß vom Leben aus Gott.

Die Griechen hatten seltsame Vorstellungen von der Totenwelt. Aber in diesen Vorstellungen stecken heimliche Wahrheiten. So erzählten sie von den Danaiden. Die müssen in der Unterwelt ein Fass füllen. Aber das Fass ist löcherig. Es fließt alles wieder unten heraus. Und nun arbeiten sie und quälen sich. Aber alles Mühen ist umsonst.

So ist der Mensch, der seine Begierde stillen will. Und doch: Er versucht es ohne Aufhören – bis ins ewige Verderben hinein.

Kann denn niemand dieser Qual Einhalt gebieten? Doch, der Heilige Geist kann es. Er kann Menschen dazu führen, dass sie innehalten in ihrem nutzlosen Tun. Das ist die Erweckung. Da wacht man auf. Da sieht man sein Elend. »… und ich verderbe hier im Hunger!«

Da bekommt man Heimweh nach dem Vater

Es ist schon eine große Sache, wenn ein Mensch erkennt, wie elend er ohne Jesus ist. Aber zu einer »Erweckung« gehört noch mehr.

Es haben schon viele die Elendigkeit ihres Lebens erkannt und sind doch nicht weitergekommen. Ich denke da an den gottlosen Philosophen Voltaire, mit dem Friedrich der Große oft verkehrte. Der sagte: »Ich wünschte, ich wäre nie geboren.« Und Goethe, der alles hatte, was das Herz begehrt, Reichtum, Ruhm, Ehre, sagte zu Eckermann: »Im Grunde ist mein Leben nichts als Mühe gewesen. Und ich kann wohl sagen, dass ich in meinen 75 Jahren keine vier Wochen eigentliches Behagen hatte. Es war das ewige Wälzen eines Steines, der immer von Neuem gehoben sein wollte.« Das ist dasselbe, wie wenn der verlorene Sohn sagt: »… und ich verderbe hier im Hunger!« Und doch sind diese Leute nicht weitergekommen. Warum nicht? Weil sie nie gefragt haben: »Woran liegt's denn, dass ich so unglücklich bin?«

O unruhiges, friedloses Menschenherz! Hast du dich schon einmal gefragt: »Warum bin ich so unglücklich?« Der verlorene Sohn wusste die Antwort: »Weil ich so weit weg bin von meinem Vater.« Er sagt: »Wie viele Tagelöhner hat mein Vater, die Brot in Fülle haben, und ich verderbe hier im Hunger!«

Seht, das ist eine rechte Erweckung, dass ein Mensch Heimweh bekommt nach seinem Heiland.

Habt ihr schon einmal Heimweh gehabt? Ich glaube, unsere harte Zeit kennt das kaum noch. Als kleiner Kerl wurde ich einmal von den Eltern meines Freundes eingeladen, die Ferien in ihrem Landhaus zu verbringen. Voller Freude ging ich mit. Als ich dort war, kam das Heimweh. Die Leute taten alles, um mich zu erfreuen und abzulenken. Aber es half nichts. Und als wir einmal in die Kirche gingen, gab mir der Briefträger unterwegs einen Brief. Da hatte mir meine kleine Schwester geschrieben. Sie konnte noch gar nicht recht schreiben, nur zwei Reihen *i* und *e* hatte sie gemacht. Aber dieser armselige Brief erschütterte mich. Ich saß in der Kirche und weinte herzzerbrechend.

So ist's bei einem Herzen, das erweckt ist. Vorher hat man vielleicht übers Christentum diskutiert und viel Weises gesagt. Aber das Herz blieb kalt. Aber wenn das Herz erweckt ist, dann weiß man nichts mehr als das eine: »Wie der Hirsch lechzt nach frischem Wasser, so lechzt meine Seele, Gott, zu dir« (Psalm 42,2). Da bringt jedes Ziehen und Rufen des guten Hirten das Herz in Wallung.

Wenn so ein Herz Heimweh nach Jesus bekommt, versucht die Welt uns abzulenken und zu trösten. Weh uns, wenn ihr das gelingt!

Dieses köstliche Heimweh nach Jesus! Selig, wer so erweckt wird. Der ist auf dem rechten Weg. Wo ein Herz Heimweh nach Jesus bekommt, da beginnt das Leben. Bei solch einem ist alles zu hoffen.

Da erkennt man seinen ärgsten Feind

Der verlorene Sohn machte bei seiner Erweckung eine furchtbare Entdeckung. Er merkte, dass er bisher mit seinem ärgsten Feind friedlich zusammengelebt hatte. Dieser Feind war – er selbst.

Bisher hatte er alle möglichen Leute für seine Feinde gehalten: seinen Vater, seine falschen Freunde, den harten Schweinebesitzer. Und in seinem unerweckten Zustand hatte er's gemacht wie alle Weltmenschen: Er schlug um sich. Aber nun ging's anders. Nun schlug er *in* sich. Nun kriegte er's mit sich selbst zu tun. Nun sah er, wo die Quelle allen Unheils war: in seinem eigenen unbekehrten, unbußfertigen Herzen. Nun schlug er in sich. Das war ein Schlag. Nun schlug er sein eigenes Ich k. o.

Liebe Freunde, wie gehen wir mit uns selbst um? Solange wir an uns selbst Gefallen haben, solange wir uns selbst rechtfertigen, streicheln, lieb haben – ist uns nicht zu helfen. Der Erweckte schlägt in sich. Er lernt, was es heißt, sich selbst mit Jesus Christus in den Tod zu geben, um mit ihm in einem neuen Leben zu wandeln.

Die Erweckung – Zweiter Teil

Da ging er in sich.
Lukas 15,17a

Wie oft haben wir das im Zweiten Weltkrieg erlebt: Es ist dunkle Nacht. Alles schläft. Auf einmal bummert's in der Ferne – die Flak! Und dann geht's los: Mark- und beindurchdringend heulen die Sirenen. Manche schlafen trotzdem weiter. Aber die meisten werden aufgeweckt. Solch eine Erweckung ist zwar ausgesprochen unangenehm. Aber – sie hat vielen das Leben gerettet.

Auch im geistlichen Leben gibt es eine Erweckung. Die Bibel vergleicht nämlich den Zustand des nicht wiedergeborenen Menschen mit einem Schlaf – ja, sogar mit dem Tod. Der natürliche Mensch ist für Gott tot. Er ist tot in Sünden und Selbstgerechtigkeit. Wenn wir nicht erweckt werden, bleiben wir ewig verloren.

Aber – Gott sei Dank! – die Sirene des Wortes Gottes ertönt noch. Zwar wollen viele sie zum Schweigen bringen, weil sie im Schlaf gestört werden. Aber – wohl uns, wenn wir im Schlaf gestört werden! Wohl uns, wenn wir erweckt werden! Wenn's auch wehtut – es führt zum Leben. Unser Text schildert uns eine Erweckung.

Da kam er »zu sich«

Luther übersetzte hier ursprünglich: »Da *schlug* er in sich.« Wörtlich heißt es im griechischen Text: »Da kam er zu sich.« Und da möchte ich zunächst eure Aufmerksamkeit auf die beiden Wörtlein »zu sich« lenken.

Zu allem kommt der Mensch. Nur zu sich selber nicht. Für alles hat er Zeit. Nur für sich selber hat er keine Zeit. Du hast Zeit für deinen Beruf, Zeit für deine Ehrenämter, Zeit für deine Zeitung, für den Stammtisch und deinen Verein, du hast Zeit zum Geschwätz, zum Kino – und wann hast du Zeit für dich? »Oh«, sagst du, »ich habe auch Zeit für mich.« Richtig! Du hast Zeit für dich. Und was machst du da? Du suchst Zerstreuung.

D. Humburg sagte in einer Auslegung dieses Textes: »Bedenken wir, was das Wort *Zerstreuung* bedeutet. So, wie man Körner in die Luft zerstreut, so suchen die Leute sich zu zerstreuen. Da bleibt keine Zeit, nachzudenken, sich auf sich selbst zu besinnen. Manche Menschen haben sich mit solchem Erfolg zerstreut, dass sie nie wieder gesammelt werden bis zur Stunde ihres Todes. Da sieht man dann, wie sie alles zusammensuchen und können es nicht zusammenbringen. Es läuft ihnen alles auseinander. Niemand soll meinen, dass er dann sich noch bekehren könne.«

So kommt der Mensch überallhin, lernt er alles kennen. Nur »zu sich« kommt er nie.

Das ist eine Sache, wenn das geschieht! Beim verlorenen Sohn geschah es: »Er kam *zu sich.*« Er kam zu sich nach Hause. Aber wie sah es da aus! Da war eine grenzenlose Armut. »… und ich verderbe hier im Hunger!« Da war Schutt der Sünde.

Meine Zuhörer, wann wollt ihr *zu euch* kommen? Ihr habt für vieles Zeit gehabt. Wann wollt ihr einmal dazu kommen, eine innere Bestandsaufnahme zu machen? Das Ergebnis wird erschütternd sein. Darum schiebt es nicht auf! Wann wollt ihr einmal Zeit haben, für euch zu sorgen? Nicht für Nahrung und Kleidung, nein, für eurer Seelen Seligkeit, für Frieden mit Gott, für das, was nach dem Tod mit euch geschieht!

Tersteegen sagte: »Lass das Nichtige, tu das Wichtige!«

Da kam er zu sich

Nachdem wir die Wörtlein »zu sich« unterstrichen haben, möchte ich nun den Satz als Ganzes ins Auge fassen. »Er kam zu sich.« Vielleicht haben wir einmal einen Schlafenden, der in süßen Träumen lag, wach gerüttelt. Dann wissen wir, was es heißt: »Er kam zu sich.« Die meisten Menschen träumen. Wie ein wirrer Traum ist ihr Leben. Mose sagt schon im 90. Psalm: »… sie sind wie ein Schlaf …« Und in einem alten Soldatenlied heißt es: »Er sprach: Das Leben ist ja nur ein Traum.«

Den verlorenen Sohn hat die Not wachgerüttelt. Es hat einmal einer gesagt: »Alle Not ist Gottes schwarzer Hund, der die träumenden, verirrten Schafe aufweckt und zur Herde Christi bringt.« Wenn's so kommt, hat die Not ihren Zweck erfüllt.

Aber Gott hat auch noch andere Mittel, Menschen zu erwecken. Die Hauptsache ist: Es geschieht.

»Er kam zu sich.« Vor Kurzem las ich von einem, der zu viel getrunken hatte. Im Rausch kriegte er Streit und erstach seinen Freund. »Da kam er zu sich.«

Der nicht wiedergeborene Mensch lebt immer im Rausch. Das muss er ja. Sonst hält er's gar nicht aus. Er hat viele Mittel, sich zu berauschen. Bei dem einen ist's Alkohol, beim anderen sind's seine Triebe und Leidenschaften. Der Dritte ist vom Geld berauscht, der Vierte von seiner Macht, der Fünfte von den politischen Ereignissen, der Sechste vom Sorgengeist, dass er ja keine Chance verpasse. Der Siebte hat den Kinorausch usw. usw.

Ich las einmal die Lebensgeschichte eines Mannes, Paolo Schwarz. Der wurde als Elsässer von den Franzosen zu lebenslänglicher Verbannung nach Cayenne verurteilt. Da erzählte er: »Wir waren in

Marseille im Lager. Dann sahen wir das sogenannte Totenschiff ankommen, das uns zu den Teufelsinseln bringen sollte. Da packte alle eine Riesenverzweiflung. Jeder verkaufte, was er noch hatte, und kaufte Schnaps. Und dann ging alles unter in einem großen Rausch.«

So macht's die Welt, ehe sie zur Hölle fährt.

»Da kam er zu sich.« Da schlug seine Seele in ihm die Augen auf. Da griff er sich an den Kopf. Da schrie er: »Ich will nicht verderben! Ich will heim zum Vater.«

Christen sind erweckte und darum nüchterne Leute. Die Berauschten in der Welt nehmen es uns übel, dass wir so nüchtern sind. Aber da ist nichts zu machen. Im Neuen Testament kommt zehnmal die Mahnung zur Nüchternheit vor: »… lasst uns wachen und nüchtern sein«, sagt Paulus (1. Thessalonicher 5,6). Und Petrus mahnt: »… seid nüchtern und setzt eure Hoffnung ganz auf die Gnade, die euch angeboten wird in der Offenbarung Jesu Christi« (1. Petrus 1,13). Und ein andermal: »… seid … nüchtern zum Gebet« (1. Petrus 4,7).

Da schlug er in sich

So übersetzte Luther ursprünglich. Und das ist so fein und tiefsinnig, dass wir dem noch ein paar Gedanken widmen wollen.

Der natürliche Mensch ist voll Unfrieden. Und da schlägt er auch. Aber nicht *in* sich, sondern *um* sich. Da klagt man gegen Menschen. Da murrt man über die Verhältnisse. Da hält man Reden gegen Gott.

Aber der verlorene Sohn hat nicht seine Freunde, nicht mehr seinen Vater, nicht den harten Schweinebesitzer angeklagt, sondern sich selbst. Heilsame Stunde!

»Da schlug er in sich.« Wir gehen im Allgemeinen sehr sanft mit uns um. Wir bemitleiden uns, wir entschuldigen uns. Das tat der verlorene Sohn nicht. Er *schlug* in sich. Das war ein Schlag, der allen Leichtsinn, ja, der den alten Menschen völlig zerschlug. Nun hieß es: »Ich will mich aufmachen und zu meinem Vater gehen.« Ohne diesen Schlag wäre er in Verzweiflung gefallen. Dahin will's der Teufel mit uns treiben. Denkt an Judas!

Heilsamer Schlag! Er wird der Anfang allen Lebens.

Ein entscheidender Entschluss

Ich will mich aufmachen
und zu meinem Vater gehen …
Lukas 15,18a

Es war im Jahr 60 nach Christi Geburt. In der großen Gerichtshalle in Cäsarea drängten sich Offiziere und vornehme Bürger. Mit großem Gepränge waren der römische Landpfleger Festus und seine Gäste eingezogen. Seine Gäste waren der König Agrippa und die Königin Bernice. Aber nicht diese hohen Herrschaften stehen im Mittelpunkt des Interesses. Aller Augen richten sich auf einen schlichten Mann, der aus dem Gefängnis vorgeführt wird. Dieser Mann ist der Apostel Paulus.

Agrippa ruft dem Paulus zu: »Es ist dir erlaubt, für dich selbst zu reden.« Da streckt Paulus die Hand aus und beginnt zu sprechen. Er redet in der Vollmacht des Heiligen Geistes. Voll Kraft und Feuer stürmen seine Worte. Alle sind betroffen. Und erschüttert sagt Agrippa: »Es fehlt nicht viel, so wirst du mich noch überreden und einen Christen aus mir machen« (Apostelgeschichte 26,28).

Eigentlich ein schreckliches Wort: »nicht viel«. Es fehlt nicht viel, und ich wäre mit Gott in Frieden. Es fehlt nicht viel, und ich würde aus den Stricken der Sünde und des Todes frei. Nicht viel fehlt, und ich würde gerettet und selig werden.

Wie viele sind hier, bei denen man so sagen muss: »Es fehlt nicht viel, dann könnte es zu einer Wiedergeburt kommen.« Aber – es *fehlt* halt.

Beim verlorenen Sohn war es anders. Da fehlte nichts mehr. Und sein armes Leben kam in Ordnung. Warum? Weil er im rechten Augenblick den entscheidenden Entschluss fasste: »Ich will mich aufmachen und zu meinem Vater gehen.«

Ein notwendiger Entschluss

Ich wollte einmal mit meinen Kindern mit dem Fahrrad von Siegen über den Rödgen nach Haiger fahren. Aber schon kurz hinter Siegen irrte ich hin und her und fand den richtigen Weg nicht mehr. Das kam daher, dass der Weg nicht deutlich bezeichnet war.

Auf dem Weg zum ewigen Leben braucht das keinem zu passieren. Der Weg ist uns in der Bibel klar aufgezeichnet. Und wer einmal verlorengeht, wird bekennen müssen: »Es ist meine Schuld.«

Und da ist gerade die Geschichte vom verlorenen Sohn so wichtig. Wir hörten schon: Der erste Schritt auf dem Lebensweg ist die Erweckung. »Da schlug er in sich.« Bei der Erweckung erkennt man sein Elend und bekommt Heimweh nach dem Vater.

Wenn nun der verlorene Sohn dabei stehen geblieben wäre, dann wäre er nie von seinen Schweinen weggekommen. Er tat den nächsten Schritt sofort. Er fasste den Entschluss: »Ich will mich aufmachen und zu meinem Vater gehen.«

Es ist mir eine große Freude zu sehen, dass manche durch das Wort Gottes erweckt worden sind. Aber warum sind es denn so wenige, die sich aufmachen und zu ihrem Heiland gehen? Ihr gleicht Leuten, die in einer Alarmnacht von der Sirene geweckt worden sind und sich nun im Halbschlaf fragen: »Soll ich aufstehen? Soll ich nicht?«

Ja, du sollst aufstehen, wenn du merkst, dass es anders mit dir werden muss, wenn der gute Hirte dich ruft und der Heilige Geist mahnt! Manche meinen, es gebe sich von selber. Man müsse sich nur treiben lassen. Da werde man schon ans Ziel getrieben.

Aber es ist schon ein fester Entschluss dazu nötig. Ich will das an einem Bild klarmachen. Die Bibel vergleicht die Menschenwelt oft mit dem Meer. Nun, im Meer gibt es Strömungen. Im Menschenmeer gibt es *eine* starke Strömung: Los von Gott! Nach dem Sündenfall versteckte sich Adam vor Gott (1. Mose 3,8). Und Kain ging weg von dem Angesicht des Herrn (1. Mose 4,16). Und im 2. Psalm heißt es: »Die Könige der Erde lehnen sich auf, und die Herren halten Rat miteinander wider den Herrn und seinen Gesalbten: ›Lasset uns zerreißen ihre Bande …!‹« Ja, noch am Ende werden die Menschen nicht zu Gott schreien, sondern zu den Bergen rufen: »Fallt über uns!«, und zu den Hügeln: »Bedeckt uns!« (Lukas 23,30). So geht die Strömung in der Welt weg von Gott. Wer sich von ihr treiben lässt, wird weggetrieben ins Verderben.

Es ist ein Entschluss nötig, gegen die Strömung anzugehen. Es ist der Entschluss nötig: »Ich will mich aufmachen und zu meinem Vater gehen.«

Ein harter Entschluss

Missionsinspektor Hoffmann erzählte uns einmal von einem Tauffest in Neuguinea. Da zündeten die Eingeborenen ein großes Feuer an, und dann traten die Täuflinge herzu und warfen ihre Götzen und Zaubersachen hinein. Da trat auch eine Frau herzu – ganz langsam und zögernd. In der Hand hielt sie ihre Götzen. Die hatten schon im Haus ihrer Eltern gestanden. Ihr Herz hatte sich oft auf sie verlassen. Da stand sie am Feuer, die Götzen in der Hand. In ihren Zügen sah man den furchtbaren Seelenkampf. Dann auf einmal schleuderte sie die Götzen ins Feuer und sank ohnmächtig um.

Der verlorene Sohn wurde nicht ohnmächtig. Aber ähnlich ging's zu. Denkt einmal, wie er ausgezogen war! Und nun diese Heimkehr: »Ich will mich aufmachen und zu meinem Vater gehen.« Das heißt: Ich will gleichsam ein Feuer anzünden und hineinwerfen: alle Liebe zur Welt, die mich verlockte; allen Stolz und Hochmut, die mich hinaustrieben; alles Selbstvertrauen; ja, meine ganze Vergangenheit will ich hineinwerfen, all meine hochfahrenden Pläne, alle wilde Lust, alle Bindungen an meine Freunde – hinein und Schluss damit! Und dann will ich auf Gnade und Ungnade mich meinem Vater ergeben.

Da hieß es: »Ich will mich aufmachen und zu meinem Vater gehen.«

So ist eine Bekehrung ein harter Entschluss. Das ist nichts für leichtfertige Herzen. Das ist nichts für Leute, die nur ein bisschen Christentum haben wollen. Es will ernst genommen sein.

Und doch muss ich zu diesem harten Entschluss raten. Denn:

Wer sich nicht ganz dem Herrn will geben,
der führt ein wahres Jammerleben.
Brich durch, es koste, was es will,
sonst wird dein armes Herz nie still.

Ein heilsamer Entschluss

»Ich will mich aufmachen und zu meinem Vater gehen.« In dem Satz steckt ein Wort, das sagt, warum es ein so heilsamer Entschluss war. Es ist das Wort »Vater«. Der verlorene Sohn wollte sich ja nicht einem harten Herrn unterwerfen. Er wollte dahin gehen, wo Leib und Seele zu Hause waren, wo man nicht hungerte und erniedrigt wurde, wo ein Vaterherz vor Liebe wallte – dorthin, wo er hingehörte.

Wenn ich euch bitte, dass ihr auch diesen Entschluss fassen möget, dann heißt das nicht, dass ich euch für eine Organisation werben will – oder dass ich euch zu meinen Ansichten bekehren oder zu einer Morallehre überreden will. O nein! Der Vater hier im Gleichnis ist ein Bild des Herrn Jesus. Zu *ihm* bekehrt man sich. Der verlorene Sohn kam von den Schweinen ins Vaterhaus. Wer sich zu Jesus bekehrt, kommt aus Sünde und Schande zur Gotteskindschaft, aus Nacht und Kälte in den hellen Sonnenschein, aus der Herrschaft der Finsternis in das Reich des lieben Sohnes, aus dem Tod ins Leben, aus der Sündenknechtschaft in die Freiheit, aus der Hoffnungslosigkeit in die gewisse Hoffnung des ewigen Lebens.

Jesus hat nicht nur eine platonische, kühle Sympathie für uns. Er ist »um unsrer Sünden willen dahingegeben und um unsrer Rechtfertigung willen auferweckt« (Römer 4,25).

Eine Magnetnadel kommt nicht eher zur Ruhe, als bis sie nach Norden zeigt. Das Kreuz Jesu ist die »Ruhe«-Richtung für alle unruhigen Gewissen.

Dahin rufe ich. Mahnt es dich nicht auch inwendig: »Könnt ich's irgend besser haben als bei dir, der allezeit so viel tausend Gnadengaben für mich Armen hat bereit?« Darum: »Ich will mich aufmachen und zu meinem Vater gehen.«

Die Buße

… und zu ihm sagen:
Vater, ich habe gesündigt
gegen den Himmel und vor dir.
Ich bin hinfort nicht mehr wert, dass ich dein Sohn heiße; mache mich zu einem deiner Tagelöhner!
Lukas 15,18b-19

In der Apostelgeschichte wird uns die Geschichte erzählt von dem Kämmerer aus Äthiopien. Der war ein mächtiger Mann in dem Reich der Königin Kandake. Aber aller Reichtum, alle Macht und alle Lust der Welt konnten seine Seele nicht sättigen. Bei ihm hieß es: »Wie der Hirsch lechzt nach frischem Wasser, so schreit meine Seele, Gott, zu dir« (vergleiche Psalm 42,2). Ein mächtiges Heilsverlangen trieb ihn. So machte er sich auf die Reise nach Jerusalem. Aber auch hier im Tempel fand er den Frieden nicht. Da kaufte er sich das Buch des Propheten Jesaja. Und während er auf der Rückreise in seinem Reisewagen saß, las er darin. Aber er verstand es nicht – bis ihm Gott den Apostel Philippus in den Weg sandte. Der legte ihm den Heilsweg aus, sodass der Mann zum Glauben kam, Frieden fand und fröhlich seine Straße nach Hause zog (Apostelgeschichte 8,26-40).

Es laufen heute viele in der Welt herum, in deren Herzen auch so ein brennendes Heilsverlangen ist. Für die ist diese Geschichte vom verlorenen Sohn so wichtig. Denn in ihr zeigt uns der Herr Jesus in anschaulicher Weise den Heilsweg.

Von der Erweckung hatten wir gehört (»Da schlug er in sich«) und von dem heilsamen Entschluss (»Ich will mich aufmachen und zu meinem Vater gehen«). Heute nun kommt der wichtigste und schwerste Schritt auf dem Heilsweg: die Buße.

Die Buße ist ein Bekenntnis

»Vater, ich habe gesündigt.« Das ist der schwerste Satz, den ein Mensch über die Lippen bringen kann.

Anfang des 19. Jahrhunderts lebte in Stuttgart der gesegnete Pfarrer Dann. Der traf einst ein Gemeindeglied, einen Schneidermeister, und fragte ihn: »Warum kommen Sie gar nie zum Abendmahl?« Der erwiderte: »Ja, sehen Sie, Herr Stadtpfarrer, ich komme nicht gern, weil man bei der Beichte sagen muss: Ich armer Sünder.« Da erhielt er die Antwort: »Dann müssen Sie eben sagen: Ich hochmütiger Schneider.«

Wie gut verstehen wir den Schneidermeister! Ich glaube, das ist das allergrößte und allerschwerste

Stück Arbeit für den Heiligen Geist, bis ein Mensch der Wahrheit die Ehre gibt und seinem Gott sagt: »Ich habe gesündigt.«

Ihr müsst darauf achten, dass der verlorene Sohn nicht sagt: »Ich habe Fehler gemacht. Es tut mir leid.« Zu solchem Geständnis wären wir zur Not bereit. Nein, es geht um das harte, verhasste Wort »Sünde«. »Ich habe gesündigt.« Der verlorene Sohn sagt auch nicht: »Ich habe wohl geirrt. Aber die Menschen und Umstände waren schuld daran.« Solche Sündenbekenntnisse sind wertlos.

Er sagt auch nicht: »Wir sind eben alle Sünder.« Nein, er redet jetzt von sich. »*Ich* habe gesündigt.« Auf das »Ich« kommt's an. – Zu einer alten Frau kam ein Pfarrer und las ihr aus dem Römerbrief vor. Da kam die Stelle: »… sie sind allesamt Sünder …« Da nickte die Frau. Der Pfarrer schaute auf und fragte: »Ist das wahr?« »Ja, das ist wahr.« »Dann bekennen Sie doch Ihre Sünde.« Da fuhr die Frau auf: »Wer hat Ihnen was von mir erzählt? Ich bin doch eine ehrbare Frau. Ich habe doch nichts Schlechtes getan!« – So ist's. Wir lassen es gelten, wenn es heißt: »Wir sind eben alle Sünder.« Aber der verlorene Sohn sagt: »*Ich* habe gesündigt.« Und auf das »Ich« kommt's an.

Wir finden keine Ruhe, ehe dieses Wörtlein gesagt ist. David sagt im 32. Psalm: »Denn als ich es wollte verschweigen, verschmachteten meine Gebeine …

Denn deine Hand lag Tag und Nacht schwer auf mir … Darum bekannte ich dir meine Sünde.« Selig, wer sein Gewissen entlastet.

Ich muss hier noch etwas sagen. »Ich habe gesündigt.« Das ist der Abschied von der Sünde. – Ich sprach einmal mit einem hohen Beamten über geistliche Dinge. Da sagte er: »Ach ja, heute gehe ich manchmal zur Kirche, man braucht so einen Trost.« Und dann sagte er: »Wissen Sie, ich habe eine sonnige Jugend gehabt.« Und dabei zwinkerte er und machte ein so gemeines Gesicht, dass ich verstand, wie er es meinte. Seht, der hatte sich zwar ein wenig geändert. Aber er hatte noch Wohlgefallen an der Sünde. Das ist keine Buße.

Beim verlorenen Sohn war's anders. »Ich habe gesündigt.« Das war Erschrecken. Das war Jammer. Das war Abscheu. Das war Abschied von der Sünde.

Buße ist ein Urteil über sich selbst

»Ich bin hinfort nicht mehr wert, dass ich dein Sohn heiße …« Wir hörten eben: Der verlorene Sohn hat kein Wohlgefallen mehr an seinem Tun. Es geht aber noch tiefer hinab: »Ich bin hinfort nicht mehr wert«, das heißt: Er hat auch kein Wohlgefallen mehr an sich selber.

Die stärkste Macht im Leben eines jeden Menschen ist das Wohlgefallen an sich selbst, die Selbstliebe. Und erst da kommt es zur Buße, wo das erschüttert ist. Welch eine Kraft des Heiligen Geistes ist nötig, bis einem Menschen die Selbstliebe erschüttert wird und er das Wohlgefallen an sich selbst verliert!

Ich muss da etwas einfügen. Die Welt spottet hier und nennt es eine niedrige Sklavengesinnung, wenn ein Mensch sagt: »Ich bin nicht wert …« Was sollen wir darauf antworten? Die Wahrheit, auch wenn sie demütigt, ist immer besser als die Einbildung. Aber die Weltmenschen vernehmen nichts vom Geist Gottes. Und sie gleichen einem Blinden, der sich seiner Blindheit vor den Sehenden rühmt.

Der Mensch hat drei große Seelenkräfte: Verstand, Gefühl und Wille. Und nun meinen viele, sogar manche Christen, das Wort Gottes habe es mit diesen Kräften zu tun. So haben die einen ein »Verstandes-Christentum«. Sie haben allerlei Erkenntnis. Aber ihr Leben ist tot für Gott. Die anderen haben ein »Gefühls-Christentum«. Sie sind erhoben von jeder »schönen« Predigt. Aber im Alltag bleibt alles beim Alten. Die Dritten haben ein »Willens-Christentum«. Sie strengen sich an, dem Herrn zu gehören. Aber sie erleiden Schiffbruch dabei.

Das Wort Gottes wendet sich aber nicht zuerst an Verstand, Wille oder Gemüt. Es zielt tiefer. Viel tiefer!

Es zielt auf unser Gewissen, auf unser schlafendes, betäubtes, tausendmal vergewaltigtes Gewissen. Erst wenn unser Gewissen erweckt und getroffen ist, treten wir in die Welt der Wahrheit ein. Da sieht man sich im wahren Licht Gottes. Da verliert man alle Freude an sich selbst und bekennt – vielleicht unter Tränen –: »Ich bin nicht wert, dass ich dein Kind heiße.«

Es war einmal eine Gesellschaft versammelt. Da sprach man über die Fehler anderer. Es fiel auf, dass einer, der sonst so lebhaft war, verstummte. Man fragte ihn nach dem Grund. Da erwiderte er: »Mir geht es wie denen, die Bankrott gemacht haben. Diese armen Leute können an jeder Unterhaltung teilnehmen. Kommt aber das Gespräch auf einen Bankrott, so sagen sie kein Wort mehr. Die Gebrechen, die ihr an jenen Christen findet, habe ich alle bei mir gefunden, und das macht mich kleinlaut.«

Rechte Buße lehrt sprechen: »Ich bin nicht wert ...«

Buße ist eine Sehnsucht

Man muss sich wundern über den verlorenen Sohn. Wenn er sagt: »Ich bin hinfort nicht mehr wert, dass ich dein Sohn heiße ...«, dann wäre es doch logisch, wenn er fortführe: »Darum will ich den Vater meiden und weit weggehen.« Aber das gerade sagt er nicht.

Er fährt fort: »… mache mich zu einem deiner Tagelöhner!«

Er hat nur *einen* Wunsch, *ein* Verlangen: beim Vater zu sein. Rechte Buße macht's wie Petrus. Der sagte: »Herr, geh weg von mir! Ich bin ein sündiger Mensch« (Lukas 5,8). Und zugleich umklammerte er die Knie seines Heilands und drängte sich an ihn. Das Wort des verlorenen Sohnes »Mache mich zu einem deiner Tagelöhner« erinnert an Psalm 84,11: »Ich will lieber die Tür hüten in meines Gottes Hause als wohnen in der Gottlosen Hütten.«

Rechte Buße verachtet die Welt, ihre Ehre, Lust und Pracht. Ja, rechte Buße verachtet sich selbst und begehrt nur die freie Gnade Gottes. Und die wird ihr in Christus zuteil. Darum ist die Buße die Pforte zum Leben.

Die Bekehrung

Und er machte sich auf
und kam zu seinem Vater.
Lukas 15,20a

Wir haben es unternommen, den Weg zum Frieden mit Gott und zur ewigen Seligkeit, kurz: den Heilsweg zu studieren an der Geschichte vom verlorenen Sohn. Wir hörten von der »Erweckung« (»Da schlug er in sich«), von der »Buße« (»Ich habe gesündigt ...«). Nun kommt noch eine sehr wichtige Sache: die Bekehrung.

Ich weiß wohl: Dieses Wort ist vielen ein Ärgernis. Es gibt viele sogenannte Christen, die meinen, man könne sich so allmählich ins Reich Gottes hineinentwickeln. Aber die kennen nicht die Tiefe unseres Falles. Wer einer klaren Bekehrung zum Herrn Jesus aus dem Weg geht, kommt nie ans Ziel. Das seht ihr ja am verlorenen Sohn. Der konnte dort in der Fremde religiöse Anschauungen pflegen. Ja, er konnte dort in die Kirche gehen oder bei seinen Schweinen Andacht halten. Aber – was hätte das genützt? Nichts. Nein! Umkehren musste er zu seinem Vater.

Ohne eine Bekehrung kommen wir nicht zurecht.

»Und er …«

Wir wollen uns den Mann genau ansehen, der dort seine Schweineherde im Stich gelassen und sich auf den Heimweg gemacht hat.

Hat denn der noch irgendein Recht an den Vater und an die Güter seines Hauses? O nein! Er hat jedes Recht verscherzt. Seht ihn nur an, den Elenden! Er hat sich von seinem Vater reich beschenken lassen. Aber »Danke« hat er nie gesagt. Die Liebe des Vaters hat er mit Füßen getreten. Die Worte des Vaters hat er in den Wind geschlagen. Die Befehle des Vaters waren ihm ein lästiger Zwang. So hat er sie hinter sich geworfen. Er hat dem Vater den Rücken gekehrt und ohne ihn sein Leben gestaltet. Nein, *der* hat kein Recht mehr an den Vater.

Aber ist das nicht irgendwie auch deine und meine Lebensgeschichte?

Gott hat uns reich beschenkt. Er gab uns Gesundheit und Leben, Essen und Trinken, Eltern und Freunde, Regen und Sonnenschein, tausend Blumen am Weg und viel Gutes. Hat unser Herz ihm dankbar geschlagen? Haben wir nicht seine Liebe tausendmal mit Füßen getreten? Waren uns seine Gebote nicht ein lästiger Zwang? Wie viele haben wir übertreten! Und sein Wort war uns langweilig. Statt davon zu leben, haben wir es kritisiert.

Manch einer meint, der liebe Gott müsse sich freuen, wenn er nun ankommt. O nein! Der liebe Gott *muss* sich gar nicht freuen! Unser *Recht* an Gott haben wir alle längst verscherzt. Wenn einer sich bekehrt, tut er es nur auf *Gnade* hin.

»Und er machte sich auf und ging zu seinem Vater.« Er hat kein Recht zur Heimkehr. Und doch – und doch, er hat ein Recht, er darf umkehren. Denn – er ist Sohn. Zwar ein böser, verlorener Sohn. Aber doch der »Sohn«. Das gibt ihm den Mut, umzukehren. Mochte der Sohn noch so fern vom Vater sein Gut mit Huren verprassen, sein Vermögen vergeuden – er blieb der *Sohn*. Darauf besinnt er sich. Darauf wagt er's.

Und so steht's mit uns auch. Es besteht zwischen jedem von uns und Gott eine geheime Beziehung. Es mag einer noch so frech, gottlos und böse sein, ja, es mag einer Gott lästern und leugnen – er ist doch ein Geschöpf Gottes, von Gott ins Leben gerufen. Und Blut verbindet ihn mit Gott, nämlich das Blut Jesu Christi, das auch für ihn geflossen ist.

Du bist Gottes Geschöpf, ein Gedanke von ihm. Und für dich hat Gott Jesus dahingegeben. Darum *darfst* du dich zu ihm bekehren.

»... machte sich auf ...«

Wir müssen da auf einen wichtigen Zug achten. Der verlorene Sohn hat sich ja schon einmal aufgemacht, nämlich als er aus dem Vaterhaus wegzog. Und wir haben gesehen, dass damals zwischen dem Entschluss und der Ausführung eine gewisse Zeit verstrich.

Diesmal ging's anders. Diesmal ging's »ruck, zuck!«. »Ich will mich aufmachen und zu meinem Vater gehen«, sagte er. Und dann kommt gleich: »Und er machte sich auf ...«

Und das ist nun so wichtig. Willst du dich zum lebendigen Gott bekehren, dann tue es heute. Eine Bekehrung geschieht schnell oder nie.

Das sage ich nicht leichthin; das hat seinen tiefen Grund. Bekehren können wir uns nur, wenn Gottes Heiliger Geist uns ruft und zieht. Und wenn das geschieht, muss man schnell folgen. Sonst könnte es dir gehen wie dem Esau. Der hat die rechte Zeit verpasst. Und als er endlich wollte, da wollte Gott nicht mehr.

Man erzählt eine seltsame Geschichte von Alexander dem Großen: Wenn der eine Stadt belagerte, dann steckte er ein Licht an. Wenn sich die Stadt ergab, solange das Licht brannte, überhäufte er sie mit Gnade und Ehre. War das Licht abgebrannt, dann gab's keine Gnade mehr, sondern nur noch Zorn, Schwert und Gericht.

So steckt unser Gott uns ein Gnadenlicht an. Und solange es brennt, muss man sich aufmachen und zu seinem Heiland gehen. Nachher gibt's nur noch Zorn und Gericht Gottes.

»Und er machte sich auf ...« Ich habe mich manches Mal gefragt: »Was ist denn aus den Schweinen geworden?« Ach, das ist ja egal! Wer sich bekehren will, darf nicht erst lange dem Teufel kündigen und mit ihm verhandeln. So kommt man nie vom Alten los. »Was dahinten, das mag schwinden ...!« »Und er machte sich auf ...« Ja, was nahm er denn mit? Er nahm mit, was jeder mitnimmt, wenn er sich bekehrt:

Seine Lumpen nahm er mit. Er hat sich nicht erst schön gemacht. Das machte später der Vater. Wer sich bekehren will, darf und soll kommen, wie er ist: mit all seinen Sünden, seinen Gebrechen, seinen Zweifeln, seinem Unglauben. Was dir fehlt, gibt dir später der Vater. Wer es auf Gnade wagt, der soll es auch ganz wagen und sich dem Sünderheiland in die Arme werfen, wie er ist.

Er nahm sein beladenes Gewissen mit. Unser Gewissen wird erst frei, wenn Gott uns um Jesu willen vergeben hat.

Er nahm ein großes Vertrauen mit. »Ich habe des Vaters Liebe zwar mit Füßen getreten. Aber er wird mich doch nicht verstoßen.« Ohne dieses Vertrauen, das an Jesus entsteht, gibt's keine Bekehrung.

»... zu seinem Vater«

Das ist die Hauptsache! Ich habe im Ersten Weltkrieg einige Offensiven mitgemacht. Da ging's am Anfang großartig. Aber das Ziel – Verdun, Paris – haben wir nie erreicht.

Solche stecken gebliebenen Offensiven gibt's auch im geistlichen Leben. Vor vielen Jahren kam ein junger Mann zu mir und sagte: »Mit mir muss es anders werden.« Er steht heute noch so, dass es mit ihm anders werden muss. Er kam nur bis zum Pastor. Es war eine verfehlte Offensive. Manche kommen bis zur Marktkirche. Manche kommen bis zu einem Entschluss. Manche bis zu einer seelischen Erregung. Manche bis zu christlichen Überzeugungen. Alles stecken gebliebene Offensiven!

»... und kam zu seinem Vater.« Der Sünder muss zum lebendigen, auferstandenen Heiland kommen. – In der Lukaskirche in Frankfurt ist das von der Meisterhand Steinhausens dargestellt. Da trägt der Vater die Züge Jesu. Der verlorene Sohn ist an seine Brust gesunken. Und der Heiland schlägt den blutroten Mantel seiner Liebe um seine Lumpen. Heil dem, dem das geschieht!

Der Blick des Vaters

Als er aber noch weit entfernt war,
sah ihn sein Vater …
Lukas 15,20b

Wer regelmäßig und aufmerksam unserer Betrachtung der Geschichte vom verlorenen Sohn gefolgt ist, dem mag aufgefallen sein, dass wir so wenig von dem Vater hören. Der Vater schwieg, als der Sohn sein Gut an sich raffte. Er schwieg, als der Sohn in die Ferne zog. Der Vater schwieg, als der Sohn sein Vermögen vergeudete. Er schwieg, als der Sohn im Elend war.

So ist Gott. Man kann sich von ihm lossagen. Man kann seine Gebote übertreten. Man kann ohne ihn leben. Gott schweigt dazu! Aber es geht einem wie dem verlorenen Sohn. Als unentrinnbares Gesetz steht über solchem Leben das Wort, das Jeremia seinem abtrünnigen Volk zurief: »… du musst innewerden und erfahren, was es für Jammer und Herzeleid bringt, den Herrn, deinen Gott, zu verlassen …« (Jeremia 2,19).

Der große italienische Dichter Dante schildert in seiner »Göttlichen Komödie« eine Fahrt in die Hölle. Da sagt er: »Über dem Tor der Hölle steht geschrieben: ›Wer hier eintritt, lasse alle Hoffnung fahren.«« Ich glaube, dass an der Pforte der Hölle steht: »… du musst innewerden und erfahren, was es für Jammer und Herzeleid bringt, den Herrn, deinen Gott, zu verlassen …«

Der verlorene Sohn hat das erfahren. Aber – er war noch nicht in der Hölle. Er konnte noch umkehren. Und er tat es. Und da hören wir nun endlich etwas vom Vater.

Wir wollen hier in der Besprechung langsam vorgehen. Denn jedes Wort ist wichtig. Hier lernen wir ja den dreieinigen Gott wirklich kennen.

Das Warten des Vaters

Als der verlorene Sohn noch fern war, sah ihn sein Vater. Nicht zufällig erblickte er ihn. Sonst hätte er ihn nicht schon in der Ferne gesehen. Nein, der Vater hatte auf den Sohn gewartet.

Von dem Maler Burnand gibt es ein wunderschönes Bild. Da sieht man das flache Dach eines großen, stolzen Hauses. Und dort oben steht der Vater. Er schaut in die Ferne. Die Hand hat er über die Augen gelegt, um besser spähen zu können. Alles um ihn herum ist ihm gleichgültig. Alles an ihm ist nur Warten.

Seht, das war das Geheimnis im Leben des verlorenen Sohnes. Als er davonzog, schaute ihm sein Vater nach. Da begann das Warten. Der Vater wartete. Der Sohn geriet ins Elend. Der Vater wartete.

Wisst ihr, dass dieses Geheimnis auch über eurem Leben ist? Dein Gott wartet auf dich. Er belagert dich gleichsam schweigend.

Lasst mich ein ganz dummes Beispiel gebrauchen. Beim Segelflug braucht man zum Start ein Gummiseil. Das kann man ganz lang ausziehen. – Gottes Warten ist solch ein Gummiseil, das er um unser Herz gelegt hat. Du kannst es weit ausziehen. Du kannst weit weglaufen. Aber Gottes Warten ist wie so ein stiller, starker Zug.

Ich muss hier sagen: Man kann dieses Gummiseil auch zerreißen. Dann gibt's keine Umkehr mehr. Für solchen Menschen gibt's keine Hoffnung. Es gibt Menschen, auf die wartet Gott nicht mehr. »Es gibt aber eine Sünde zum Tode; bei der sage ich nicht, dass jemand bitten soll« (1. Johannes 5,16b).

Der wartende Gott! So zeigt ihn uns die Bibel. Zweimal steht dort das ergreifende Wort: »Den ganzen Tag habe ich meine Hände ausgestreckt nach dem Volk, das sich nichts sagen lässt und widerspricht« (Römer 10,21; vgl. Jesaja 65,2).

Oder sie zeigt uns Gott als einen Weingärtner, der wartet, ob der Weinberg Frucht bringt (vgl. Johannes 15,1ff.).

Oder Petrus zeigt uns Gott, wie er den Plan für das Ende der Welt fertig hat. Und doch hält er zurück und wartet in Geduld – ob nicht dieser oder jener noch umkehrt. Petrus sagt da: »… und die Geduld unseres Herrn erachtet für eure Rettung« (2. Petrus 3,15).

Die Einseitigkeit des Vaters

Jetzt komme ich an etwas so Wichtiges, dass ich Gott recht bitten muss, er möge uns helfen, es recht zu fassen.

»Als er aber noch weit entfernt war, sah ihn sein Vater …« Das ist nun das Erste, was wir vom Vater hören. Ja, hat denn der nichts Wichtigeres zu tun, als nach seinem Lumpensohn zu schauen? So einseitig ist der Mann, dass ihm dies das Wichtigste ist. Für nichts sonst hat er einen Blick. Wer die Geschichte bis zum Ende kennt, der weiß, dass sich der ältere Sohn nachher beschwert, der Vater habe ihn gar nicht beachtet. Und dieser ältere Sohn hat recht. Der Vater ist so einseitig, dass ihn nur eines interessiert: Wird der verlorene Sohn umkehren?

So einseitig ist Gott? Ja, so einseitig ist Gott!

Es sitzen Menschen hier, die sind »religiös«. Meinst du, das interessiert deinen Gott? Er wartet nur auf eins: ob du zu ihm umkehrst.

In Jerusalem gab's zur Zeit Jesajas viel Religion. Da wurden im Tempel Feste gefeiert. Da wurden Opfer dargebracht. Da breitete man Hände aus zum Gebet. Sollte das den Vater nicht freuen, so viel Religion? Aber was sagt Gott? »Meine Seele ist feind euren … Jahresfesten. … Und wenn ihr auch eure Hände ausbreitet, verberge ich doch meine Augen vor euch« (Jesaja 1,14-15). Und ein andermal sagt er: »Tu weg von mir das Geplärr deiner Lieder!« (Amos 5,23). Und dann heißt's: »… reinigt euch. Tut eure bösen Taten aus meinen Augen, lasst ab vom Bösen! … Wollt ihr mir gehorchen, so sollt ihr des Landes Gut genießen« (Jesaja 1,16.19). Nicht Religion, Kultur, religiöse Ansichten will Gott, sondern Umkehr.

Es sitzen Leute hier, die sagen: »Ich bin gut und rechtschaffen. Mir kann's nicht fehlen.« Nun, das ist schön. Aber wie wird dir zumute, du sicherer Mensch, wenn Gottes Wort hier sagt: »Gott hat gar keinen Blick dafür. Er wartet vielmehr, ob du nicht endlich bußfertig zu ihm umkehren willst«?

Um das ganz zu verstehen, müssen wir wissen: Mit dem Vater im Gleichnis meint der Herr Jesus sich selbst. Der Vater ist Jesus, der Sünderheiland. Die Hände, die sich ausstrecken, sind durchbohrt am Kreuz von Golgatha. In die Augen, die nach dir ausschauen, wurde mit Fäusten geschlagen. Der Mund, der den Sohn küsst, rief: »Mein Gott, mein Gott, warum hast du mich verlassen?«!

Der Vater – das ist Jesus, der »um unsrer Sünden willen dahingegeben und um unsrer Rechtfertigung willen auferweckt« ist (Römer 4,25). Und solange wir nicht in rechter Buße und herzlichem Vertrauen zu ihm umgekehrt sind, solange ist sein Erlösungsleiden für uns fruchtlos. Darum ruft's vom Kreuz: »Wendet euch zu mir, so werdet ihr errettet, aller Welt Enden« (Jesaja 45,22).

Der Scharfblick des Vaters

Der Vater im Gleichnis – das ist der Herr Jesus. Der Jesus, in dem Gott uns allen begegnet. Nun hören wir etwas von dem Scharfblick unseres Heilands.

»Als er (der verlorene Sohn) aber noch weit entfernt war, sah ihn sein Vater …« So ist unser Heiland. Er hat einen Blick für die zerbrochenen Herzen und für die unruhigen Gewissen und für die Sünder, die selig werden wollen.

Als er einst unter großem Volksgedränge in Jericho einzog, entdeckte er auf dem Maulbeerbaum den Zachäus, der so sehnsüchtig nach dem Heil begehrte.

Als er in das große Krankenlager am Teich Bethesda kam, sah er vor allem den Mann im Winkel, der 38 Jahre krank gelegen hatte.

Als er sterbend am Kreuz hing, hatte er einen Blick für den Verbrecher neben ihm, der nicht in seinen Sünden dahinfahren wollte. Und so sah er im Jahre 1918 unter den vielen, vielen tausend deutschen Soldaten auch mich, als mein beladenes Gewissen nach Vergebung hungerte.

Ist hier ein verlorenes Kind, das Frieden mit Gott möchte? Dein Heiland hat dich in dieser großen Versammlung erblickt. Geh getrost mit ihm nach Hause und besprich mit ihm voll Vertrauen die Sache deiner Seele.

Die Liebe des Vaters

... und es jammerte ihn ...
Lukas 15,20c

Wenn über ein Volk schwere Leiden und Trübsale kommen, dann entsteht bei den Einsichtigen immer stärker die Frage: Sind diese Nöte vielleicht Gottes Gerichte? Stimmt es vielleicht doch, dass seine Hand gegen uns steht und sein Zorn gegen uns entbrannt ist? Und wenn die Einsichtigen in einem Volk so weit gekommen sind, dass sie diese Frage bejahen, dann werden sie die zweite Frage stellen: Wie können wir denn Gottes Herz gewinnen, dass er uns wieder gnädig werde?

Ja, das ist eine Frage, die wohl der Überlegung wert ist: Wie kann ein Mensch Gottes Herz bewegen? Die Schrift gibt uns die Antwort: durch Umkehr. Einst schickte der Herr den Propheten Jona nach der gottlosen Stadt Ninive. Der verkündigte: »Es sind noch vierzig Tage, so wird Ninive untergehen« (Jona 3,3). Was tat der König von Ninive? Er lachte nicht darüber. Er ließ auch nicht den Jona herausjagen. Er veranstaltete auch keine Bittprozessionen zu seinen Götzen. Nein! Er befahl: »... ein jeder bekehre sich von seinem bösen Wege und vom Frevel seiner

Hände! … Vielleicht lässt Gott es sich gereuen und wendet sich ab von seinem grimmigen Zorn, dass wir nicht verderben.« So geschah es: »Als aber Gott ihr Tun sah, wie sie sich bekehrten von ihrem bösen Wege, reute ihn das Übel, das er ihnen angekündigt hatte, und tat's nicht« (Jona 3,8b-10).

Und dasselbe sehen wir hier beim verlorenen Sohn. Als der Sohn umkehrte, entbrannte die Liebe des Vaters für ihn. Die Umkehr des Sünders bewegt das Herz Gottes.

Doch nun wollen wir unser heutiges Wort betrachten: »… und es jammerte ihn …«

Das Leid des Vaters

Da steht der Vater auf dem Dach seines Hauses und sieht seinen Sohn ankommen. Ein jämmerliches Bild des Elends! Und da taucht vor seinem geistigen Auge ein anderes Bild auf: Er sieht den Sohn, wie er war, ehe er auszog. Dieser stolze, trotzige, strahlende junge Mensch. Und er sieht ihn ausziehen, in der blühenden Kraft seiner Jugend. Und nun! Dieses Bild des Elends! O Welt! O Sünde! O Teufel! Wie habt ihr meinen Sohn zugerichtet!

»… und es jammerte ihn …« Er wird voll Leid und Traurigkeit. So trägt Gott um den Menschen Leid. Er erschuf den Menschen als vollkommenes Geschöpf. »Und Gott schuf den Menschen zu seinem Bilde, zum Bilde Gottes schuf er ihn« (1. Mose 1,27). Und er erschuf ihn in völliger Freiheit als ein Geschöpf, das zwischen gut und böse wählen konnte. Aber schon der erste Mensch erwählte das Böse.

Und nun »schaut der Herr vom Himmel auf die Menschenkinder, dass er sehe, ob jemand klug sei und nach Gott frage. Aber sie sind alle abgewichen und allesamt verdorben« (Psalm 14,2-3). Und nun bekamen Sünde, Leid und Tod die Macht. Darum ist Gottes Herz voll Leid.

»… und es jammerte ihn …« Wir haben ja schon gehört, dass mit dem »Vater« im Gleichnis Jesus sich selbst meint. Als er dieses Gleichnis erzählte, da schaute er auf die Zöllner und Sünder, die zu ihm gekommen waren. »… und es jammerte ihn …« Und er schaute auf die Pharisäer und Schriftgelehrten. Die murrten: »Dieser nimmt die Sünder an …« (Lukas 15,2). »… und es jammerte ihn …« Und er schaut uns an – und es jammert ihn. So ist der Herr Jesus!

Die Liebe des Vaters

Die Geschichte vom verlorenen Sohn ist eine sehr traurige Geschichte, wenn wir auf den Sohn sehen. Es ist aber eine sehr fröhliche Geschichte, wenn wir auf den Vater sehen. Aber ist das nicht immer so? Wenn wir auf die Menschen sehen, auf ihr Tun und Treiben, und wenn wir vor allem auf uns selbst sehen, dann muss unser Herz belastet und bedrückt werden. Wenn wir aber auf den Herrn Jesus sehen, dann atmen wir auf. Dann wird unser Herz froh. Also sehen wir auf den Vater in unserer Geschichte!

»... es jammerte ihn ...« Ist es euch schon aufgegangen, dass an dieser Stelle die Geschichte vom verlorenen Sohn ganz und gar unwahrscheinlich wird? Stellt euch doch die Lage vor: Der Sohn hat die Liebe des Vaters mit Füßen getreten. Alle seine Gebote hat er in den Wind geschlagen. Dann ist er ohne Abschied auf und davon gegangen. Draußen in der Welt hat er sein ganzes Erbteil in der übelsten und leichtfertigsten Weise verprasst. Und nun ist er verhungert, arm, abgerissen. Da kommt er zurück.

Stellt euch mal einen Bauern vor, dem das passiert. Dem werden die Züge hart. Er pfeift nach dem Hofhund und lässt den Lump vom Hof hetzen. So geht's zu. So ist's menschlich.

Aber was hier erzählt wird, das ist – göttlich. Hier proklamiert der Herr Jesus mit schlichten Worten das Evangelium: Jesus hat den Sünder lieb. Ich kann das nicht erklären. Ich kann das auch ganz und gar nicht begreifen. Ich kann es nur verkündigen: Jesus hat euch lieb, euch, die ihr von eurem Gewissen verklagt werdet; euch, die ihr nirgendwo Frieden finden konntet. Du darfst mit allen geretteten und angenommenen Kindern Gottes singen: »Ich hatte nichts als Zorn verdienet und soll bei Gott in Gnaden sein.«

Der helfende Wille des Vaters

»... und es jammerte ihn ...« Uns hat auch schon dieses oder jenes Elend gejammert. Wir standen an Krankenbetten und sahen Menschen leiden. Da hatten wir Mitleid. Aber – helfen konnten wir nicht.

Ganz anders ist es bei unserem Heiland. Wenn bei ihm das Innerste bewegt wird, wenn sein Herz entbrennt, dann ist da sofort auch der Wille und die Kraft, zu helfen.

Dem verlorenen Sohn ist geholfen worden. Und mir ist auch geholfen worden, als ich umkehrte. Und hier sind viele, die es bezeugen: Mir ist auch geholfen worden, als ich umkehrte.

Gottes Leid um die Sünde ist nicht nur ein Schmerz geblieben. Sondern Gott hat gehandelt. »Denn also hat Gott die Welt geliebt, dass er seinen eingeborenen Sohn gab, damit alle, die an ihn glauben, nicht verloren werden, sondern das ewige Leben haben« (Johannes 3,16).

Und Jesu Mitleid mit dem Sünder ist nicht nur eine Bewegung des Herzens geblieben. Sie hat ihn zur Tat getrieben, durch die wir errettet werden: Er hat sein Leben zur Versöhnung für uns dargebracht.

Wir brauchen uns nicht mehr zu scheuen, die Wahrheit zu bekennen und als Sünder vor Gott zu erscheinen. Auf Sünder, die die Hölle verdient haben, zielt sein Rettungswille. Nur Sünder werden durch Jesu Tod gerechtfertigt. Nur für Sünder starb Jesus. Also auch für uns. Hier ist das Heil.

Die Barmherzigkeit Gottes

... er lief und fiel ihm um den Hals und küsste ihn.
Lukas 15,20d

Vor Kurzem besuchte ich einen kranken alten Mann. Ich bezeugte ihm das Evangelium. Er saß in seinem Sessel und starrte schweigend vor sich nieder. Als ich von Neuem anfangen wollte, unterbrach er mich: »Ach, hören Sie doch auf! Da redet die Kirche von der Liebe Gottes. Wo soll die denn sein? Überall Sterben und Morden! Wo sollte da Gottes Liebe sein?!« Und dann lachte er so höhnisch und bitter, dass es einem ins Herz schnitt.

Ja, die Frage steht wieder auf, sie geht durchs Land: »Wo ist denn die Liebe Gottes?« Es ist eigentlich erschütternd. Solange es uns gut geht, heißt es: »Freut euch des Lebens!« Und da fragt man nichts nach Gottes Liebe. Dann jedoch kommen dunkle Wolken. Und nun – nun kann man Gottes Liebe nicht mehr finden.

Diese Liebe Gottes umgibt uns zwar von allen Seiten. Jedes Korn auf den Feldern, ja, jede Kartoffel, jeder neue Morgen sind Zeugen von seiner erhaltenden Liebe. Auch jedes Schwere, das uns trifft, ist ein Zeugnis von seiner Liebe. Aber man merkt es nicht. Man kann es nicht sehen. Man ist dafür blind.

Und so geht immer wieder die Frage unter uns um: »Wo ist Gottes Liebe?«

Unser Text sagt uns klar: Es gibt nur *einen* Weg, zur Erfahrung der Barmherzigkeit Gottes zu kommen: durch Umkehr. Als der verlorene Sohn umkehrte, erfuhr er die Liebe des Vaters.

Er lief ihm entgegen

Die Bibel verkündigt uns wirklich unerhörte Dinge: Gott läuft dem Menschen entgegen. Aber achtet wohl darauf: nur dem Sünder, der umkehrt. Sonst nicht!

Wenn die Bibel uns Gott als den Weltenkönig zeigt, der die Völker in seiner Hand hat – er ist es auch heute noch! –, dann heißt es: »Gott ist König über die Völker, Gott sitzt auf seinem heiligen Thron« (Psalm 47,9). Die Bibel weiß auch von einem Aufstehen Gottes. Aber nur zum Gericht: »Gott steht auf; so werden seine Feinde zerstreut« (Psalm 68,2). Aber dass Gott läuft und springt, dies geschieht – ja, wem? Den Großen der Erde? Oder den Guten? Den Frommen? Den Heiligen? – O nein! Dies geschieht dem Sünder, der umkehrt. Welch Wunder der Gnade!

Das hat ja nun seinen guten Grund. Es käme keiner nach Hause, wenn Gott es nicht täte. Denn Gott weiß, was wir alle auch wissen: Bei der Umkehr ist der letzte Schritt der schwerste. Da ist der verlorene Sohn nach Hause gewandert. Da steht er am Hoftor. Da bleibt er stehen. Da will ihm das Herz entfallen. Nun werden ihn die Knechte und Mägde sehen, die seinen stolzen Auszug miterlebt haben. Ja, und nun gilt's, in seiner ganzen Blöße vor seinem Vater zu stehen. Er zögert. Wie schwer ist der letzte Schritt!

Ich las einmal eine kleine Geschichte von einem, der auch im Zorn von zu Hause weggegangen war, nach Amerika. Und eines Tages zieht's ihn nach Hause. Er macht die lange Reise. Er kommt ins Heimatdorf. Aber als er den väterlichen Hof sieht, da biegt er ab. Einen Abend lang sitzt er verborgen auf dem Friedhof beim Grab seiner Mutter. Und als es Nacht ist, geht er wieder davon. Er konnte den letzten Schritt nicht tun.

Wie viele sind hier, denen es so geht mit ihrem Gott! Und darum läuft Gott dem Sünder entgegen. Das Evangelium ist die Botschaft davon, wie Gott dem Sünder entgegenläuft. Er läuft uns entgegen in Jesus, seinem lieben Sohn. Was ist das für ein Entgegenlaufen Gottes, dass Jesus für uns starb, ehe wir ihn kannten, ehe wir geboren waren! Ja, er läuft uns viel weiter entgegen, als er in dem Gleichnis zeigt. Mitten in unser Weltleben und Sündenleben hinein läuft er uns entgegen durch den Heiligen Geist, der uns mahnt, warnt und ruft und lockt. Er läuft uns nicht nur *entgegen*, er läuft uns *nach*, dass wir errettet werden. »Deswegen klopft er für und für so stark an unsres Herzens Tür.«

Er fiel ihm um den Hals

Das ist nun ein wichtiger Zug in unserem Gleichnis. Und wer das versteht, der hat das Evangelium verstanden. »... er ... fiel ihm um den Hals.« Bedenkt doch nur, wo der verlorene Sohn herkam! Nach einem Leben der Armut und des Hungers war er bei den Schweinen gelandet. Ich glaube nicht, dass ein Schweinehirte sehr sauber ist oder gar nach Kölnisch Wasser duftet. Ja, das Schwein galt als unrein. Wer es aß oder damit umging, durfte nicht in den Tempel. Und ich meine, es wäre noch immer großartig gewesen, wenn der Vater gesagt hätte: »So, bist du da? Nun bade dich erst mal und zieh dir einen vernünftigen Anzug an. Dann wollen wir die Sache mal bereden.«

Aber nein! »... er ... fiel ihm um den Hals.« Achtet gut darauf: Er nimmt ihn an, wie er ist. Er erlässt ihm alle Schuld. Er setzt ihn wieder zu seinem Sohn und Kind ein – wie er ist. Und dann, erst dann heißt es: »Bringt schnell das beste Gewand her ...«

Ich weiß, dass hier viele unruhige Gewissen sind. Die kommen nicht zum Frieden, weil sie das Evangelium nicht fassen. Wie geht's da zu? Da wird ein Herz unruhig und sehnt sich nach Frieden mit Gott. Man erkennt sich auch ein wenig als Sünder und sagt nun: »So, wie ich bin, bin ich meinem Heiland ein Gräuel. Ich muss mich besser machen.« Und nun kämpft man gegen seine Sünde und schlechten Gewohnheiten, kommt aber nur noch schlimmer hinein und verzweifelt ganz und gar.

Gib es auf, lieber Mensch! Deine Lage ist so verzweifelt böse, dass du dir selbst doch nicht helfen kannst. Kehre um, wie du bist, und wirf dich in die Arme Jesu. Gib dich, wie du bist, in die Hände, die für dich durchbohrt sind. Verlange Gnade und nichts als Gnade. Sie wird dir zuteil! Und dieselbe Gnade ist es dann auch, die dich umwandelt, die dich bessert, ändert, erzieht, herrlich und geistlich macht.

Jesus verlangt nichts als deine Umkehr zu ihm. So ist es! Ich will's noch anders sagen: Viele wollen erst Heiligung ihres Lebens. Und aufgrund ihrer Heiligung die Rechtfertigung vor Gott. Das ist ein falscher Weg. Erst wird man durch Jesus, der unsere Schuld trug, vor Gott gerechtfertigt. Und das bleibt das Fundament eines Christenlebens. Man erfährt Gnade und wird ein Kind Gottes. Und dieselbe Gnade bewirkt dann die Heiligung unseres Lebens.

… und küsste ihn

Ein Kuss ist ein Siegel der Liebe. Und darum etwas Großes. Wir sollten's so lassen, liebes junges Volk, und nicht eine Spielerei daraus machen. Es gibt Küsse – die wären besser nie geschehen. Ich habe mit einem jungen Soldaten zu tun gehabt. Dessen Leben war durch ein leichtfertiges Mädchen ruiniert. Unter Tränen klagte er: »Ach, der erste Kuss, der mir die Besinnung raubte!« Und denkt nur an den Kuss des Judas!

Ein Kuss ist ein Siegel der Liebe. Das bedeutet der Kuss einer Mutter oder zweier Menschen, die sich fürs Leben verbinden.

Aber was meint Jesus hier? Gibt es einen Kuss Jesu? Ja! Als der Vater den verlorenen Sohn küsste, versiegelte er ihn: »Du bist mein Sohn.« So gibt es eine Versiegelung in der rettenden Liebe Jesu. Davon spricht die Bibel oft. Etwa im Epheserbrief: Ihr seid »versiegelt worden mit dem Heiligen Geist, der verheißen ist« (Epheser 1,13).

Und nun möchte ich an den Schluss ein paar Worte setzen, die D. Humburg zu diesem Text sagte: »Ich glaube, solch ein Kuss deckt viel Jammer und Elend zu. Bei deinem Heiland sollst du ein Willkommen finden, wie du es noch nie in deinem Leben gefunden hast. Verlorenes Kind, komm heim! Es hat sich schon viel Leid unter Jesu Arme geflüchtet. Es ist aber noch Raum da!«

Das rettende Wort

Der Sohn aber sprach zu ihm: Vater, ich habe gesündigt gegen den Himmel und vor dir …
Lukas 15,21a

Da wird uns im Buch Richter (12,1-6) eine bemerkenswerte Geschichte erzählt. Der Stamm Ephraim hatte Krieg mit den Leuten von Gilead. Unter ihrem vom Herrn erwählten Feldherrn Jephta schlugen die Gileaditer die Ephraimiter. Die zerstoben, flohen und wollten sich über den Jordan in Sicherheit bringen. Aber die Gileaditer hatten rasch die Furt am Jordan besetzt. Nun waren die Ephraimiter in großer Not. Was tun? Jeder verschaffte sich eine Verkleidung oder warf seine Rüstung weg. So versuchten sie, als harmlose Bauern die Furt zu passieren. Aber die Gileaditer merkten den Betrug. Und sie verfielen auf ein einfaches Mittel. Es war bekannt, dass die Ephraimiter kein »sch« aussprechen konnten. Nun forderten die Gileaditer einfach jeden, der passieren wollte, auf: Sage »Schibbolet«. Sagte er dann »Sibbolet« – dann war er als Feind erkannt und wurde getötet.

An *einem* Wort also hingen Leben und Tod. Wer das Wort aussprechen konnte, dem wurde es zur Rettung.

Ich weiß auch so ein rettendes Wort; ein Wort, das uns vom Herzeleid, vom Zorn Gottes, vom Tod, vom Gericht Gottes und von der Hölle errettet. Dieses rettende Wort heißt: »Ich habe gesündigt.« Paulus sagt in 1. Korinther 11,31: »Wenn wir uns selber richteten, so würden wir nicht gerichtet.« Das heißt: Wer sagen lernt: »Ich habe gesündigt«, der wird errettet vom Zorn Gottes. Wer es nicht über Herz und Lippen bringt, den richtet Gott. Der ist verloren.

Der verlorene Sohn sprach das rettende Wort.

Der Zeitpunkt, in dem er es sagt

Die ganze Geschichte vom verlorenen Sohn ist ja ein Gleichnis, ein Gleichnis für göttliche Dinge. Ich möchte immer wieder sagen: Rein menschlich gesehen ist die Geschichte eine ganz und gar unmögliche und unwahrscheinliche Geschichte.

Wenn die Geschichte in der Menschenwelt passiert wäre, dann wäre die Sache so gelaufen: Der Vater hätte den Sohn erst herankommen lassen. Und dann hätte der Sohn zuerst sprechen müssen: »Vater, ich habe gesündigt.« Und dann erst – wäre der Vater gnädig geworden.

Hier aber geht es umgekehrt. Ehe der Sohn etwas sagen kann, ehe er irgendetwas tun kann, läuft ihm der Vater entgegen und breitet die Arme gegen ihn aus. Und nun, *nun*, da der Vater sein gnädiges und barmherziges Herz dem Sohn geöffnet hat, sagt der Sohn: »Vater, ich habe gesündigt.«

Das ist überaus wichtig für alle, die gerettet werden wollen. Am Anfang steht nicht unsere Bekehrung und unser Sündenbekenntnis. Nein, am Anfang steht die Gnade Gottes. Gott sagt allen Menschen, allen Sündern Gnade zu. Das tut er laut und vernehmlich durch das hochaufgerichtete Kreuz Jesu Christi auf Golgatha.

Du brauchst dein Sündenbekenntnis also nicht einem harten, bösen Gott zu sagen, bei dem du nicht weißt, wie er sich schließlich dazu stellen wird. Nein! Du darfst das rettende Wort »Vater, ich habe gesündigt!« einem Gott sagen, der dir schon volle Vergebung und Gnade zugesichert hat. Blutige Arme, für den Sünder offen, breiten sich dir entgegen. Die Schuld ist schon gebüßt durch deinen Heiland. Die Strafe, die dich erwarten sollte, ist schon von ihm am Kreuz getragen.

Sollte diese vorauseilende Gnade Gottes in Jesus uns denn nicht nun locken und reizen, endlich umzukehren und das rettende Wort zu sprechen: »Ich habe gesündigt!«? Oder einen Liedvers: »Ich, ich und meine Sünden, die sich wie Körnlein finden des Sandes an dem Meer, die haben dir erreget das Elend, das dich schläget, und das betrübte Marterheer.« Ja, indem Gott zuerst seine Gnade und sein Vergeben aufrichtet, will er uns geradezu locken, endlich Buße zu tun und das rettende Wort auszusprechen. So heißt's in einem Lied: »Gnade hat er zugesagt, dass der Sünder sich bekehre.«

Die innere Notwendigkeit, mit der er es sagt

Als der verlorene Sohn noch bei den Schweinen saß, hatte er sich vorgenommen: »Ich will mich aufmachen und zu meinem Vater gehen und will zu ihm sagen: ›Vater, ich habe gesündigt.‹«

So hatte er es sich vorgenommen. Aber nun war alles so wunderlich und seltsam gelaufen. Ehe er sich's versah, lag er in den Armen des Vaters.

Seht, da hätte der verlorene Sohn ja denken können: »Na, dann ist ja alles gut. Was soll ich erst noch sagen: ›Ich habe gesündigt.‹? Der Vater hat ja schon alles zugedeckt.«

Wehe, wenn der verlorene Sohn so gedacht und das rettende Wort nicht ausgesprochen hätte! Dann hätte er dem Vater nie recht in die Augen sehen können. Die alte Schuld hätte immer zwischen ihnen gestanden. Es wäre nie zum vollen Frieden gekommen. Und dieses halbe Verhältnis hätte den Sohn schließlich trotz aller Liebe des Vaters aus dem Haus getrieben.

Und der Vater? Der hätte nie an eine rechte Herzensumwandlung des Sohnes glauben können. Denn das Bekenntnis »Ich habe gesündigt« ist das Zeichen einer rechten Herzensumwandlung. Und so hätte der Vater sein Herz vor dem Sohn immer mehr verschlossen.

Versteht ihr nun, warum das Wort »Ich habe gesündigt« so notwendig war?

Es gibt viele Leute, die wissen zwar etwas von der Liebe Gottes in Christus. Aber sie kommen zu keinem Frieden. Sie sind nicht versöhnte Kinder im Hause Gottes. Und warum? Weil sie in Gottes Haus und Gemeinde eindringen wollen, ohne das rettende Wort »Ich habe gesündigt« zu sprechen. Sie haben nie vor dem heiligen Gott mit zerbrochenem Herzen auf ihren Knien gelegen und bekannt: »Vater, ich habe gesündigt gegen den Himmel und vor dir.«

Ich frage euch, die ihr in dieser halben Stellung vor Gott lebt, die ihr die Liebe Gottes kennt und doch nicht der Wahrheit die Ehre gebt – warum handelt ihr so? Da gibt es viele Gründe. Die einen wissen überhaupt nicht mit Gott zu reden. Die anderen sind zu stolz. Sie wollen nicht als Sünder dastehen. Die Dritten meinen, es sei ja nicht so schlimm mit ihrem – wie sie sagen – bisschen Sünde. Die Vierten nehmen's zu leicht und meinen, es sei alles in Ordnung, wo nichts in Ordnung ist. Und die meisten wollen nicht bekennen: »Ich habe gesündigt«, weil sie ihre Sünde nicht lassen wollen. Sie wollen Gott *und* die Sünde halten. Das aber ist der sicherste Weg zur völligen Verstockung und zum Verderben.

Der Evangelist Elias Schrenk bat fast in jeder Versammlung seine Hörer: »Bringt euer Leben mit Gott in Ordnung!« Ich bitte auch euch darum.

Wie er's sagt

»Vater, ich habe gesündigt« – und nun geht's weiter: »gegen den Himmel und vor dir.« – »Vor dir!« Darauf kommt es an, dass man das sieht.

Gewiss, wir haben uns vielfach versündigt: an unseren Lehrern in der Schule; an dem Pfarrer, der uns unterrichtet; an unseren Eltern; an Menschen, mit denen wir gemeinsam Böses taten. Aber wenn unser Leben völlig neu werden soll, dann müssen wir erkennen: »Vor allem und zuerst habe ich Gott ins Angesicht gesündigt.«

Als David nach seinem Ehebruch und Mord weinend vor Gott lag, bekannte er: »An dir allein habe ich gesündigt« (Psalm 51,6).

Wir leben in einer Zeit, in der man den Blick gar nicht mehr zu Gott aufheben kann. Da versteht man auch das Wort »Sünder« gar nicht mehr. Da spricht man von »Verkehrssündern«, von »Steuersündern« und von »Verdunkelungssündern«. Armseliger Missbrauch biblischer Worte!

Hebt eure Augen auf zu Gott, der uns in Jesus alle Gnade zusagt. Und bekennt ihm mit Herz und Mund: »Vater, *an dir allein* habe ich gesündigt und übel *vor dir* getan.« Dann tut sich uns in unermesslicher Weite und Herrlichkeit das Reich der Gnade auf.

Der nicht gesprochene Satz

… ich bin hinfort nicht mehr wert,
dass ich dein Sohn heiße.
Lukas 15,21b

Ich will heute über einen Satz predigen, der gar nicht ausgesprochen wurde. Wer die Geschichte aufmerksam liest, dem fällt etwas auf: Als der verlorene Sohn noch bei den Schweinen war, nahm er sich vor: »Ich will … zu meinem Vater gehen und zu ihm sagen: … Ich bin hinfort nicht mehr wert, dass ich dein Sohn heiße; mache mich zu einem deiner Tagelöhner!« Aber als er nun in den Armen des Vaters lag, sagte er nur: »… ich bin hinfort nicht mehr wert, dass ich dein Sohn heiße.« Punkt! Schluss! Der Satz »Mache mich zu einem deiner Tagelöhner« fiel aus. Warum? Das ist wichtig.

Weil dem Sohn die Hauptsache zur Hauptsache wurde

Wir müssen unsere Blicke noch einmal zurücklenken. Da sitzt der verlorene Sohn bei seiner Schweineherde. Sein Vermögen hat er vergeudet. Hungersnot bedrückt das Land. Er begehrt seinen Bauch zu füllen mit den Schoten, die die Schweine fressen. Und niemand gibt sie ihm. Es geht ihm schlecht.

Da sieht er im Geist das reiche Vaterhaus. »Wie viele Tagelöhner hat mein Vater, die Brot in Fülle haben, und ich verderbe hier im Hunger!«

Und da entschließt er sich und sagt: »Ich will mich aufmachen und zu meinem Vater gehen und zu ihm sagen: … mache mich zu einem deiner Tagelöhner!«

Wenn man das so betrachtet, dann hat man den Eindruck: Es geht ihm mehr um das Brot und um die Stillung des Hungers als um den Vater. Es geht ihm mehr darum, wieder eine äußere Existenzmöglichkeit zu bekommen. Der Vater kommt erst in zweiter Linie.

Trotz der Aufrichtigkeit seiner Buße ist er noch befangen in der Denkweise des natürlichen, unbekehrten Menschen. Der sagt nämlich so: »Zuerst muss ich fürs Äußere sorgen. Dann kann ich mich um Gott kümmern.« Bei der Welt heißt es: »Trachtet zuerst nach dieser Welt und ihren Gütern. Und dann könnt ihr euch immer noch – wenn ihr Zeit habt – um die Gerechtigkeit des Reiches Gottes kümmern.«

Das ist eine gotteslästerliche Rangordnung. Beim Herrn Jesus heißt es: »Trachtet zuerst nach dem Reich Gottes und nach seiner Gerechtigkeit, so wird euch das alles zufallen« (Matthäus 6,33).

Und das hat der verlorene Sohn gelernt, als er nach Hause kam. Jetzt lässt er den Satz, der seine äußere Existenz regeln soll, einfach weg. Jetzt geht's um Wichtigeres: Ich muss Vergebung der Sünden haben und mit dem Vater in Ordnung kommen. Dann regelt sich alles andere von selbst. Es fällt mir zu.

Weil aus dem Bettler der Sohn geworden ist

Da macht sich der verlorene Sohn von seinem Elend auf. Er geht zu seinem Vater. Er will etwas von seinem Vater. Nicht große Dinge. Aber immerhin soll der Vater für ihn sorgen. Er bringt fertige Vorschläge mit: »… mache mich zu einem deiner Tagelöhner.« Er rechnet auch gar nicht mit der vollen Vergebung des Vaters.

Es gibt so viele Christen, die gleichen dem verlorenen Sohn in diesem Zustand. Sie sind nicht gottlos. O nein! Sie beten sogar. Sie schütten vor Gott ihr Herz aus. Aber es sind alles Bitten um äußere Dinge. Sie wollen dies und das von Gott. Aber der Heiland selbst mit seiner Gnade, Liebe und Treue ist ihnen noch nicht viel wert.

Von diesem Bettlerzustand muss man weiterkommen, wie der verlorene Sohn. Jetzt hat er keine Vorschläge mehr und keine Wünsche. Es ist ihm genug, dass der Vater ihn lieb hat und ihm Vergebung geschenkt hat. Er will nicht etwas vom Vater. Es geht ihm um den Vater selbst.

So sagt Asaph im 73. Psalm: »Wenn ich nur dich habe, so frage ich nichts nach Himmel und Erde. Wenn mir gleich Leib und Seele verschmachtet, so bist du doch, Gott, allezeit meines Herzens Trost und mein Teil.«

Weil er sich ganz der Führung des Vaters überließ

Lasst es mich mit einem Beispiel klarmachen. Ich habe vorn auf meinem Fahrrad einen kleinen Sattel. Da darf meine kleine Tochter draufsitzen. Da sagte sie einmal, als wir zusammen fuhren: »Papa, lass mich mal lenken!« Ich ließ ihr die Lenkstange. Aber keine Viertelminute. Sonst wäre es schiefgegangen.

So machen wir es auch. »Lass mich mal lenken!«, sagen wir zu unserem Gott. Und dann lenken wir unser Leben selbst. Das führt zum Unheil. Und wenn wir uns notdürftig durchs Leben gelenkt hätten, hätten wir uns am Ende doch nur in die Hölle gelenkt. Aber hier schon machen wir uns tausend Nöte durch dieses Selber-Lenken.

So hat's der verlorene Sohn gemacht und brachte sich dadurch ins Unglück. Aber auch als er umkehrt, kann er nicht davon lassen: »Mache mich zu einem deiner Tagelöhner!«, will er sagen. Er will also immer noch selber sein Leben lenken.

Aber nun ist er nach Hause gekommen. Die Liebe des Vaters umfängt ihn. Und da bleibt ihm der Satz in der Kehle stecken. Die Hände sinken ihm vom Steuer seines Lebens. Und der Vater fasst das Steuer. Darum sagt er den Satz nicht, weil er dem Vater die Leitung seines Lebens überlässt. Denn nun hat er erkannt: »Er führet mich auf rechter Straße um seines Namens willen« (Psalm 23,3).

Die Ausstattung des wahren Christen

Aber der Vater sprach zu seinen Knechten:
Bringt schnell das beste Gewand her und zieht es ihm an
und gebt ihm einen Ring an seine Hand
und Schuhe an seine Füße …
Lukas 15,22

Paulus sagt einmal: »Ist jemand in Christus, so ist er eine neue Kreatur; das Alte ist vergangen, siehe, Neues ist geworden« (2. Korinther 5,17).

Neu wird ein Mensch durch Christus. Neu wird's in einem Menschenherzen nicht durch gute Vorsätze. Wie viele gute Vorsätze sind schon gefasst worden! Und es blieb alles beim Alten.

Neu wird's auch nicht dadurch, dass ein Mensch in eine bessere äußere Lage kommt. Ich weiß von einem, der war ein übler Schläger. Aber er brachte es zu etwas. Er wurde ein angesehener Mann. Aber anders wurde er nicht. Er blieb derselbe brutale Mensch wie früher.

Nein! Neu wird ein Mensch erst, wenn er »in Christus« ist, wie Paulus sagt, wenn er seinen Heiland gefunden hat, wenn er – wie der verlorene Sohn – nach Hause gekommen ist.

Könnt ihr euch den verlorenen Sohn noch vorstellen, wie er bei den Schweinen war? Hungrig, zerlumpt, verzweifelt! Und nun seht ihn euch an! In dem neuen Festgewand, mit dem blitzenden Ring, mit den neuen Schuhen. »Neues ist geworden.« Das Gewand, der Ring und die Schuhe sind ja Sinnbilder für geistliche Dinge. Und sie sind bei all denen zu finden, die in Christus sind. Sie stellen gleichsam die Ausstattung eines wahren Christen dar.

Das neue Gewand – das ist die neue Gerechtigkeit

Es war einmal während meiner Ferien in Württemberg. Mit zwei Freunden besuchten wir die Falkensteiner Höhle. Wir hatten uns das älteste Zeug angezogen und waren dann in der Höhle herumgestiegen. Nun, davon wird man nicht schöner. Verdreckt kamen wir nach Hause. Da sagte meine Mutter: »Es ist Besuch da. Ein Herr will dich sprechen.« Da schaute ich an mir hinunter und sagte: »So geht das aber unmöglich.«

Das ist ein Bild für das Geistliche. Du willst mit Gott umgehen; du willst sein Kind sein; du willst einmal in der Auferstehung bei ihm sein. Aber sieh nur an dir hinunter! Sieh nur die Schuld und Übertretung in deinem Leben! Und du musst erkennen: So geht das unmöglich. Es ist wahr: Wie du bist, kannst du nicht Gottes Kind sein.

Jetzt machen die meisten den großen Fehler und fangen an, schnell an ihrem befleckten Kleid herumzuwischen. »Ach«, sagt man, »meine Sünden sind nicht so schlimm.« Und: »Andere sind viel schlechter.« So geht's nicht! Nein, so geht's nicht! Wir brauchen ein neues Kleid.

Jetzt sind viele wieder schnell bei der Hand, sich zu helfen. Man holt sich ein Gewand hervor, das aus vielen Flicken vermeintlicher guter Taten und Werke zusammengestoppelt ist. Biblisch gesprochen ist das das Kleid der eigenen Gerechtigkeit. Damit brüstet man sich. Man rühmt: »Mir kann's nicht fehlen!« Selbst am Grab noch muss dieses Gewand der eigenen Gerechtigkeit vorgezeigt, gepriesen und bestaunt werden.

Ach, damit könnt ihr Menschen betrügen. Aber nicht Gott. Das Flickgewand deiner eigenen Gerechtigkeit bedeckt ja nicht die Lumpen deiner Schuld.

Nein! Wir brauchen etwas ganz anderes. Der verlorene Sohn bekam ein ganz neues Kleid vom Vater geschenkt. So will uns Gott ein neues Kleid schenken. Das ist die Gerechtigkeit, die Jesus am Kreuz für Sünder erworben hat. »Christi Blut und Gerechtigkeit, das ist mein Schmuck und Ehrenkleid.« Dieses Gewand der Glaubensgerechtigkeit zieht der Glaube sich an und rühmt: »Ich freue mich im Herrn, und meine Seele ist fröhlich in meinem Gott; denn er hat mir die Kleider des Heils angezogen und mich mit dem Mantel der Gerechtigkeit gekleidet …« (Jesaja 61,10).

Der neue Ring – das ist der Geist der Kindschaft

»Gebt ihm einen Ring an seine Hand!«, ruft der Vater. Viele tragen einen Ring nur zum Schmuck. Der Ring hat weiter nichts zu bedeuten. Aber es gibt auch andere Ringe. Mit dem Ring, den der Sohn bekam, war es ähnlich wie mit dem Ring, den ich hier an meiner Hand trage. Der will nicht Schmuck sein. Diesen Ring habe ich angesteckt, als sich ein Menschenkind mit mir verlobte. Und dieser Ring ist ein Zeugnis: Wir zwei gehören zusammen.

Und nun sagt unser Gott durch den Propheten Hosea: »Ich will mich mit dir verloben für alle Ewigkeit, ich will mich mit dir verloben in Gerechtigkeit und Recht, in Gnade und Barmherzigkeit. Ja, in Treue will ich mich mit dir verloben, und du wirst den Herrn erkennen« (Hosea 2,21-22). So ist der Ring ein Gleichnis, ein Symbol für den Bund, den der Vater mit dem Sohn schließt. Er ist ein Abbild des geistlichen Verlöbnisses zwischen Gott und der Seele.

Von Natur ist der Mensch ein Feind Gottes, so wie der verlorene Sohn in dem Vater seinen Feind sah. Er liebt Gott nicht, er hasst seine Wege. »Ist (aber) jemand in Christus, so ist er eine neue Kreatur; das Alte ist vergangen, siehe, Neues ist geworden.«

Man ist umgekehrt, man hat Vergebung durch Jesu Blut, die Feindschaft gegen Gott ist aufgehoben durch das Kreuz. Der Heilige Geist zieht das Herz zum dreieinigen Gott. Man steht auf Gottes Seite. Man ist im Bunde mit ihm. Man gehört zur Brautgemeinde Christi, die sich auf seine Wiederkunft und damit auf die Hochzeit freut. Das bedeutet der Ring!

Ja, wohl noch mehr. Nicht nur das Bündnis! Dieser Ring, den der Vater dem Sohn gab, war wohl ein Siegelring – ein Siegelring mit dem Wappen der Familie. Nun darf der Sohn das Siegel des Vaters führen und gebrauchen. Und damit ist er vor aller Welt als Sohn ausgewiesen.

Wisst ihr, was ganz scheußlich ist? Wenn man nicht weiß, wie man mit seinem Gott dran ist. Nun, der verlorene Sohn wusste, woran er war. Wenn ihm im Herzen Zweifel aufstiegen, ob er wohl als Sohn angenommen war, dann schaute er nur den Siegelring an. Dann wusste er's.

Und so trägt ein rechtes Kind Gottes einen geistlichen Siegelring, der ihm alle Zweifel nimmt. Das ist der Heilige Geist der Kindschaft. Paulus sagt: »Der

(Heilige) Geist gibt Zeugnis unserm Geist, dass wir Gottes Kinder *sind*« (Römer 8,16).

Die neuen Schuhe – das ist der neue Wandel

Es ist mir eine Kleinigkeit aufgefallen beim Lesen des Textes. Der Vater sagt: »Bringt schnell das beste Gewand her …« Denn der Sohn trug ein anderes, ein altes Gewand. Aber der Vater sagt nicht: »Bringt neue Schuhe.« Er sagt nur: »… gebt ihm … Schuhe an seine Füße …« Also hatte der Sohn gar keine mehr. Er war barfuß.

Beim Barfußlaufen muss man sehr vorsichtig gehen und stößt sich doch immer. So ist der Wandel des natürlichen Menschen. Er kommt aus dem Ängstlich- und Vorsichtigsein nicht heraus und stößt sich doch überall und verfehlt's bei Gott und Menschen.

Aber: »Ist jemand in Christus, so ist er eine neue Kreatur.« Er hat nun Schuhe an den Füßen. Er kann nun gewisse Tritte tun. Da heißt es: »Ich gehe einher in der Kraft Gottes des Herrn« (Psalm 71,16). Man fürchtet nicht mehr jedes Steinlein. Man wandelt kühn darüberhin im Glauben. Ja, der Herr sagt sogar: »Über Löwen und Ottern wirst du gehen und junge Löwen und Drachen niedertreten« (Psalm 91,13). Man ist – wie Paulus schreibt – »an den Beinen gestiefelt, bereit, einzutreten für das Evangelium des Friedens« (Epheser 6,15).

Kurz: Diese Schuhe sind eine herrliche Sache. Aber bedenkt: Der Sohn bekommt sie vom Vater *geschenkt*. In Christus Jesus sind sie unser. Der Glaube an ihn macht all unseren Wandel neu.

Das Festmahl

… und bringt das gemästete Kalb und schlachtet's; lasst uns essen und fröhlich sein!
Lukas 15,23

Immer wieder müssen wir uns klarmachen, dass die Geschichte vom verlorenen Sohn ein Gleichnis ist, ein Gleichnis für göttliche Dinge. Im menschlichen Bereich wäre sie sicher ganz anders verlaufen.

Nehmen wir einmal an, ein Vater hätte wirklich seinen verlorenen Sohn so empfangen, so mit Liebe und Küssen und Umarmungen. Dann hätte er nach dem Empfang sicherlich gesagt: »Nun komm ins Haus. Halte dich still und *bewähre dich*! Und wenn ich sehe, dass du dich bewährst, dann wollen wir es dem ganzen Hof und der Verwandtschaft mitteilen, dass du zurückgekommen bist.« Ein menschlicher Vater könnte gar nicht anders handeln. Er müsste erst eine Bewährungsfrist verlangen.

Aber der Vater in unserem Gleichnis handelt ganz anders. Da hören wir kein Wort von einer Probezeit und Bewährungsfrist. Kaum ist der Sohn nach Hause gekommen, da wird ein Festmahl veranstaltet. Und die Gesänge und Pfeifen und Musik verkünden es jedem: Der verlorene Sohn ist nach Hause gekommen!

So kann Jesus handeln. Der Vater im Gleichnis ist ja der Herr Jesus. Er ist der Herzenskenner. Er braucht keine Bewährungsfrist. Er sieht, ob eine Bekehrung echt oder falsch ist. Ist sie unecht, dann sagt er: »Eine jede Pflanze, die mein himmlischer Vater nicht gepflanzt hat, wird abgerissen« (siehe Matthäus 15,13). Ist eine Bekehrung echt, dann erkennt er sie als sein eigenes Werk, und es ist Freude im Himmel.

Nun lasst uns das Festmahl betrachten.

Das Festmahl – damals

»… und bringt das gemästete Kalb und schlachtet's; lasst uns essen und fröhlich sein!« Wenn wir das ganz verstehen wollen, dann müssen wir einmal an den Anfang des Kapitels Lukas 15 zurückgehen. Da ist auch von einem Gastmahl die Rede. Sünder, in deren Herzen der Heilige Geist ein Heilsverlangen entfacht hatte, hatten den Herrn Jesus zu einem Mahl eingeladen. Wie freuten sich diese heilsbegierigen Seelen, dass der unter ihnen war, bei dem »Gnade und viel Vergeben« ist!

Aber die Pharisäer und Schriftgelehrten murrten und sprachen: »Dieser nimmt die Sünder an und isst mit ihnen« (Lukas 15,1). Und da ergriff der Herr Jesus das Wort. Und er erzählte die lange Geschichte von dem verlorenen Sohn, der so tief sank; und wie er in sich schlug; und wie er umkehrte; wie er Buße tat und sagte: »Vater, ich habe gesündigt«; wie der Vater ihn aufnahm – bis zu dem Festmahl.

»Seht«, sagt der Herr Jesus, »bei diesem Festmahl sitzen wir hier miteinander. Hier sind verlorene Sünder nach Hause gekommen, haben ihren Heiland gefunden. Sollen wir nicht essen und fröhlich sein?«

Die Pharisäer wunderten sich, dass der Herr Jesus mit Sündern aß, obwohl sie Jesus nur für einen Propheten hielten. Wie hätten sie sich wohl gewundert, wenn sie erfasst hätten, dass er *Gott* ist. Ja, das ist wunderbar! Gott isst mit den Sündern. »Jauchzet, ihr Himmel, frohlocket ihr Enden der Erden! Gott und die Sünder, die sollen zu Freunden nun werden …«

Ich kenne in der Bibel ein ähnliches Gastmahl. Da saß Abraham im Hain Mamre an der Tür seiner Hütte, als der Tag heiß war.

Und als er seine Augen aufhob, siehe, da standen drei Männer. Abraham lud sie ein: »Herr, hab ich Gnade gefunden vor deinen Augen, so geh nicht an deinem Knecht vorüber.« Und dann eilte er in die Hütte zu Sara: »Eile und menge drei Maß feinstes Mehl, knete und backe Kuchen.« Und dann lief er zu den Rindern und holte ein zartes gutes Kalb (vgl. 1. Mose 18,1-15).

So kehrte Jesus bei Abraham ein zu einem Mahl. Das ist schon groß. Aber Abraham war ein Mann Gottes und kein verlorener Sohn. Und zudem heißt es: »Abraham blieb stehen vor ihnen …, und sie aßen.« Da geht's in Lukas 15 anders zu: Die verlorenen Sünder setzen sich vertraulich zu ihrem Gott und Heiland, essen und trinken mit ihm. »Sehet dies Wunder, wie tief sich der Höchste hier neiget …«

Das Festmahl – heute

Dieser Text ist eine gute Botschaft. Da horchen die bedrückten Herzen und beladenen Gewissen auf. Wer möchte nicht gerne an solch einem Festmahl teilnehmen?!

Meine Freunde, ihr sollt und dürft teilnehmen! Das ganze Leben der rechten Christen ist solch ein Festmahl.

Es sind gegen das Christentum schon viele törichte Vorwürfe erhoben worden. Es heißt da allezeit: »Da sie sich für Weise hielten, sind sie zu Narren geworden.« Aber der dümmste Einwand ist doch der: Das Christentum sei eine lebensverneinende Anschauung.

Allerdings verneint der Glaube das fleischliche Leben des natürlichen Menschen. Aber ist das denn ein Leben? Dieses Getriebensein von den Lüsten, dieses Raffen und Sorgen um Nahrung und Geld, dieses Gieren nach Ehre und Anerkennung von Menschen, diese beständige Angst vor Menschen und dem Tod, dieses Betäuben des Gewissens? Das ist ein Vegetieren, wie es die Würmer haben, die im Schlamm kriechen. Dass Gott erbarm! *Dieses* Leben verneint der Glaube allerdings.

Wer seinen Heiland gefunden hat, der hat das *wahre* Leben gefunden. Immer wieder vergleicht die Bibel das geistliche Leben der Christen mit einem Gastmahl. »Du bereitest vor mir einen Tisch im Angesicht meiner Feinde«, sagt David. »Du salbest mein Haupt mit Öl und schenkest mir voll ein« (Psalm 23,5). Da geht's nicht armselig zu! »Er sättigt die durstige Seele und füllt die Hungrigen mit Gutem« (Psalm 107,9). Ja, der Herr selber trägt auf. Denn er sagt: »… ich will … die Verschmachtenden sättigen« (Jeremia 31,25). Darum sagt Salomo: »Der Gerechte kann essen, bis er satt ist« (Sprüche 13,25). Da fließt der geistliche Freudenwein in Strömen: »Sie werden satt von den reichen Gütern deines Hauses, und du tränkst sie mit Wonne wie mit einem Strom« (Psalm 36,9).

Warum bleiben wir so hungrig, arm und leer! Gottes Wort ruft uns zum Festmahl: »Schmecket und sehet, wie freundlich der Herr ist« (Psalm 34,9).

Das Festmahl – in der Ewigkeit

Trotz allen Reichtums gilt für Christen das Wort aus 1. Korinther 15,19: »Hoffen wir allein in diesem Leben auf Christus, so sind wir die elendesten unter allen Menschen.«

Aber nun haben wir ja durch die Auferstehung Jesu eine begründete Hoffnung des ewigen Lebens.

Wenn ein Weltmensch vom »Jenseits« spricht, hat er da meist recht luftige, windige und geistige Vorstellungen. Die Bibel hält's anders. Da geht's nach dem Wort Bengels: »Leiblichkeit ist das Ende der Wege Gottes.« Die Bibel spricht von Auferstehung des Leibes, von einer neuen Welt, in der allerdings Gerechtigkeit wohnt. Sie nennt uns in der neuen Welt Flüsse, Städte, Bäume, Menschen. Ja, der Herr Jesus sagt, er werde Wein trinken. Vor seinem Tod sagt er: »Ich werde von nun an nicht mehr von diesem Gewächs des Weinstocks trinken bis an den Tag, an dem ich von Neuem davon trinken werde mit euch in meines Vaters Reich« (Matthäus 26,29).

Und da gibt es ein Festmahl, wo es wahrlich heißt: »Lasst uns essen und fröhlich sein!« Es ist ein ewiges Hochzeitsmahl, weil der Bräutigam Jesus mit der Braut, seiner Gemeinde, Hochzeit hält. Lass die Welt sagen, was sie will – da möchte ich dabei sein!

Ein Wort zum Schluss: Neigt sich dein Leben seinem Ende zu? Fühlst du, dass diese Weltzeit dem Ende entgegeneilt? Lass andere klagen! Uns gilt:

Zion hört die Wächter singen,
das Herz tut ihr vor Freuden springen,
sie wachet und steht eilend auf.
Ihr Freund kommt vom Himmel prächtig,
von Gnaden stark, von Wahrheit mächtig,
ihr Licht wird hell, ihr Stern geht auf.
Nun komm, du werte Kron,
Herr Jesu, Gottes Sohn!
Hosianna!
Wir folgen all zum Freudensaal
und halten mit das Abendmahl.

Die Wirkung der Bekehrung

Denn dieser mein Sohn war tot
und ist wieder lebendig geworden …
Lukas 15,24a

Eine sehr seltsame und wunderliche Geschichte wird uns in 2. Könige 13 erzählt: Der Prophet Elisa, der große Mann Gottes, war gestorben und in einem Felsengrab beigesetzt worden. Kurze Zeit nachher war es. Da kam ein Leichenzug des Wegs daher. Man trug irgendeinen Mann zu Grabe. Auf einmal wird die Feierlichkeit dieses Leichenzuges gestört. Da ertönt der Schreckensruf: »Die Feinde sind ins Land gefallen!« Ja, schon sieht man feindliche moabitische Krieger auftauchen. Alles rennt auseinander. Bloß die Leichenträger stehen noch mit dem Toten da. Rasch werfen sie den in Elisas Grab und flüchten. »Und als er die Gebeine Elisas berührte, wurde er lebendig und trat auf seine Füße« (V.21).

»Eine tolle Geschichte!«, sagst du? Nun, es ist meine eigene Geschichte. Und die Geschichte von vielen Tausenden. Durch den Schlangenbiss der Sünde und den Verdammungsspruch des Gesetzes Gottes waren wir gleichsam Tote. Aber dann kamen wir in Verbindung mit dem Propheten Gottes – *Jesus*. Mit seinem Tod kamen wir in Berührung. Und da kamen wir zum Leben. Gott sagt von uns: »Dieser mein Sohn war tot und ist wieder lebendig geworden.« Solch eine große Veränderung bewirkt eine Bekehrung.

Man erkennt seinen verlorenen Zustand

In der Geschichte vom verlorenen Sohn haben wir den Vater als einen sehr barmherzigen Mann kennengelernt. Kein Wort des Vorwurfs kam aus seinem Mund, als der schuldige Sohn zurückkehrte. Sein ganzes Wesen zeigte Liebe, Erbarmen, Barmherzigkeit.

Aber es ist keine sentimentale Weichheit in dieser Güte. Das zeigt unser heutiger Text. Ehe man sich zum Festmahl niedersetzt, sagt der Vater mit geradezu grausamer Wirklichkeit, was nun eigentlich los war: »Dieser mein Sohn war tot.« Der Sohn zuckt zusammen. Er senkt sein Haupt. Alle Gäste schauen auf den Sohn. Alle erwarten, dass der nun auffährt und sagt: »Nein! Vater, so schlimm war's nun doch nicht. Ich war wohl ein bisschen abgekommen vom rechten Weg. Aber – tot? Nein!«

Aber der Sohn sagt nichts. Ich denke, er nickt nur: »Ja, so war's!«, flüstert er. »Ich war tot! Nicht nur, als ich bei den Schweinen war, sondern schon, als ich als stolzer Kerl vom Vaterhaus wegzog.«

Der natürliche Mensch ist tot, auch wenn er wacker herumspringt und die Welt mit Getöse erfüllt. Tot ist er vor Gott. Er kann nicht sehen, denn er sieht weder die Heiligkeit Gottes noch die Liebe Jesu, noch sich selbst, wie er ist. Er kann nicht hören, denn ob ihn wohl der gute Hirte tausendmal lockt und ihm seine Gnade anbietet, vernimmt er nichts. Gefühllos ist er, denn ob ihn Gott schon schlägt mit Gerichten, bleibt sein Herz doch unbewegt.

Ach, denkt manch einer, das ist doch Übertreibung. So schlimm steht's nicht um mich. Du hast recht gesprochen. So schlimm nicht, nein, noch viel schlimmer. Der unbekehrte, nicht wiedergeborene Mensch ist nicht nur tot, sondern tot in der Potenz. Der leiblich Tote ist doch wenigstens still und tut nichts. Aber der geistlich Tote wirkt Werke des Todes. Er ist »tot in Sünden«, sagt die Bibel.

Paulus sagt: »Offenkundig sind aber die Werke des Fleisches, als da sind: Unzucht, Unreinigkeit, Ausschweifung, Götzendienst, Zauberei, Feindschaft, Hader, Eifersucht, Zorn, Zank, Zwietracht, Spaltungen, Neid, Saufen, Fressen und dergleichen« (Galater 5,19-21).

Was soll ich viel davon reden? Der unbekehrte Mensch bleibt dabei, es stehe nicht so schlimm um ihn. Die Bekehrung aber bewirkt, dass wir Gott recht geben, unseren Todeszustand erkennen und nichts mehr fürchten als diese Werke der Finsternis.

Man ist eine neue Kreatur

»… und ist lebendig geworden …« Man kann sich die Veränderung bei der Bekehrung gar nicht groß genug vorstellen. Paulus sagt: »Ist jemand in Christus, so ist er eine neue Kreatur«, das heißt: eine neue Schöpfung (2. Korinther 5,17). Es ist bei einer Bekehrung wie bei der Schöpfung. Da war grausige Finsternis. Und in die Finsternis tönt Gottes Wort: »Es werde Licht!« Und es ward Licht. So ist's bei einer Bekehrung.

So bezeugt Paulus: »Gott, der da sprach: Licht soll aus der Finsternis hervorleuchten, der hat einen hellen Schein in unsre Herzen gegeben« (2. Korinther 4,6).

Da streiten sich die Gelehrten über die Schöpfungsgeschichte, ob es so war oder nicht, statt dass sie die machtvollen Akkorde dieser gewaltigen Erzählung aus 1. Mose 1 hören, diesen Lobgesang auf den, »der spricht, so geschieht's, der gebietet, so steht's da« (siehe Psalm 33,9).

Und diese Schöpfungsgeschichte wiederholt sich bei jeder Bekehrung, wo es am Ende heißt: »Er ist lebendig geworden.«

»Wo kam dies her, warum geschieht's?«

Die Geschichte vom verlorenen Sohn steckt voller Merkwürdigkeiten. Auf eine lasst mich hinweisen. Da wird lang und breit erzählt, was der verlorene Sohn tut, wie er in sich schlägt, umkehrt, Buße tut. Er wird uns also als tätig, als aktiv gezeigt. Und am Ende heißt's: »Er ist lebendig geworden.« Und das ist doch ganz passiv. Da ist etwas mit ihm geschehen.

Wie ist es denn nun bei einer Bekehrung? Tue ich da etwas, oder geschieht etwas mit mir? Jeder, der sich bekehrt hat, wird sagen: Mit mir ist etwas geschehen. Das Wort Gottes wurde in mir zum Samen der Wiedergeburt. Der Vater zog mich zum Sohn und der Sohn zum Vater. Gott gab einen hellen Schein in mein Herz, dass ich mein Elend, aber auch sein Heil erkannte. Er schenkte mir Buße und Glauben.

Eine rechte Bekehrung ist so groß, dass sie nur Gottes eigenes Werk sein kann. Aber weil Gott dieses Werk in dir vollbringen will, darum widerstrebe nicht länger, sondern ergib dich ihm. Dann singst du mit allen Kindern Gottes:

Mir ist Erbarmung widerfahren,
Erbarmung, deren ich nicht wert;
das zähl ich zu dem Wunderbaren,
mein stolzes Herz hat's nie begehrt.

Nun weiß ich das und bin erfreut
und rühme die Barmherzigkeit.

Und nachher:

Wo kam dies her, warum geschicht's?
Erbarmung ist's und weiter nichts!

Das Wunder der Bekehrung

... dieser mein Sohn ... war verloren
und ist gefunden worden.
Lukas 15,24b

Wer vor rund 3000 Jahren durch den herrlichen Palast des mächtigen Ägypterkönigs ging, der traf dort vielleicht einen jungen Mann. In die herrlichsten Gewänder gekleidet, ehrfurchtsvoll von allen gegrüßt, war er umgeben von den trefflichsten Gelehrten, die ihn in aller Weisheit der Ägypter unterrichteten.

Fragte dann jemand: »Wer ist dieser so reich begabte junge Mann?«, dann bekam er zur Antwort: »Das ist Mose, ein Glied des pharaonischen Königshauses.«

Einige aber kannten das Geheimnis dieses jungen Mannes. Er war in Wahrheit der Sohn eines elenden Sklaven – ein Sklave, von Sklaven geboren. Ja, weniger als das. Er gehörte zu einem Geschlecht, das zum Tod bestimmt war. So war auch er als kleines Kind im Nil ausgesetzt worden – ein Kind des Todes.

Aber da war das Wunder geschehen: Da hatte ihn die Königstochter gefunden, als sie zum Baden ging. Und nun kam der große Wandel in sein Leben.

Die Geschichte des Mose ist auch meine Geschichte – und die von Tausenden. Wir waren auch verlorene und verdammte Leute, Sklaven Satans und dem Tod entgegeneilend.

Da fand uns ein Königssohn, der Sohn des lebendigen Gottes. Er riss uns »aus der grausigen Grube, aus lauter Schmutz und Schlamm« (Psalm 40,3). Er machte uns zu Kindern des allmächtigen Gottes.

Wir wollen darüber weiter nachdenken, indem wir noch einmal über das Wunder der Bekehrung sprechen.

Der Zustand des unbekehrten Menschen

»Dieser mein Sohn … war verloren«, sagt der Vater in unserer Geschichte.

Ich mag mich nicht herumstreiten mit den blinden Weltmenschen. Die erklären: »Nein, so schlimm steht es nicht um mich.« Der Jüngste Tag wird ihnen zeigen, wie es um sie steht. Ich halte es lieber mit dem Erweckungsprediger Dammann, der um das Jahr 1900 herum hier in Essen wirkte. Der begann seine Einführungspredigt mit den Worten: »Ich habe vor keinem Wort in der Heiligen Schrift, von all den Hunderten und Tausenden von Wörtern, mehr Angst als vor dem kleinen Wörtchen ›verloren‹.«

Damals saß ein junges Mädchen in der Kirche. Die hat mir später davon erzählt: »Es war genug für mich«, sagte sie. »Es hatte mein Herz getroffen. So viel ich auch noch hörte – allein das Wort ›verloren‹ trat immer wieder in den Vordergrund. Verloren! – Warum? – Wegen deiner Sünde. Auch du bist verloren!« Das Wort »verloren« hat ja im Deutschen einen Doppelsinn.

Man kann etwa unterwegs seine Handschuhe verlieren. Die liegen dann irgendwo im Schmutz und werden zertreten, oder sie finden einen unrechtmäßigen Besitzer.

So ist der Mensch von Natur »verloren«. Er ist aus der Hand seines rechtmäßigen Herrn, des lebendigen Gottes, gekommen. Der eine liegt im Schmutz der Sünde. Der andere ist ganz ordentlich, aber er ist in der Hand falscher Herren: der Menschen oder des eigenen Ichs, ja, des Teufels.

Da der Mensch aber nicht leblos ist wie die Handschuhe, ist er durch seine eigene Schuld verloren. Ja, seit Adams Fall werden wir als Verlorene geboren.

Aber das Wort »verloren« hat noch einen anderen Sinn.

Da ist ein Schiff bei Nacht in einem schrecklichen Sturm. Da fegt eine Welle übers Deck und schwemmt einen Matrosen über Bord. Es ist unmöglich, ein Boot auszusetzen. Der Kapitän starrt in die Nacht. »Der ist verloren«, sagt er.

Wie manch einem habe ich so nachgesehen, der in seinen Sünden vom Tod dahingerafft wurde. »Der ist ewig verloren!«, schrie mein Herz. »Der Zorn Gottes bleibt über ihm. Wer Gott verloren hat, der ist wirklich verloren.« Das ist der Zustand des natürlichen Menschen!

Der Zustand des bekehrten Menschen ist: »Er ist gefunden worden.« Hätte ich Worte, auszudrücken, was das bedeutet, dass ein Mensch ganz und gar in die Hand seines rechtmäßigen Besitzers, in die Hand Gottes kommt!

Ich will es zunächst nur abgrenzen gegen Missverständnisse:

Irgendeine starke, religiöse Gemütsbewegung heißt noch nicht: »Er ist gefunden worden.« Wie oft habe ich Folgendes erlebt: Da kommt ein Mensch in große Not, weil er die Folgen seiner Sünde tragen muss. Nun erkennt er seinen verlorenen Zustand und sehnt sich nach Erlösung. Er glaubt sie auch schnell zu haben. Aber die Zeit geht hin. Die Schwierigkeiten seines Lebens renken sich ein. Und bald ist alles wieder beim Alten. Es hat eben an einer gründlichen Buße gefehlt. – So ein Mensch ist wie ein Wanderer in der Wüste. Er leidet Durst. Auf einmal sieht er eine

Oase. Er will darauf zugehen. Aber es war eine Fata Morgana. Alles verfliegt in Dunst.

Ein anderes Missverständnis: Als ich Soldat war, während des Ersten Weltkriegs, hatten wir in unserer Batterie gottlose Spötter. Als wir aber an der Somme hilflos und wehrlos im Trommelfeuer lagen, wochenlang, da fing manch einer von denen wieder an zu beten. Und manch einer bekannte nachher: »Ich habe wieder an Gott glauben gelernt.« Kann man von diesen Leuten sagen: »Sie sind gefunden worden«? Nein. Sie sind noch nicht in der Hand ihres Besitzers, in der Hand Gottes. Die letzte, höchste Mauer trennt sie noch von ihm: ihre Schuld. Es fehlt ihnen Vergebung der Sünden durch Jesu Blut. Nicht wer sagt: »Ich habe zu Gott zurückgefunden«, ist bekehrt, sondern der, der von dem Sünderheiland Jesus angenommen wurde.

In den beiden angeführten Fällen sagten die Leute: »Ich habe gefunden.« Das aber ist nicht eine von Gott bewirkte Bekehrung. Bei einer rechten Bekehrung bekennt man: »Ich bin gefunden *worden*. Mein Herr und Gott fand mich in meinem Sünderelend, er stellte mich in meiner Verlorenheit, er fand mich in seinem Erbarmen und machte mich aus freier Gnade zu seinem Eigentum.« »Er ist gefunden worden.« O seliger Zustand! Da bekennt man mit Paulus: »Da wir nun gerecht geworden sind durch den Glauben, haben wir Frieden mit Gott durch unsern Herrn Jesus Christus; durch ihn haben wir auch den Zugang im Glauben zu dieser Gnade, in der wir stehen, und rühmen uns … auch der Bedrängnisse …« (Römer 5,1-3).

Da jauchzt man mit allen Heiligen: »… ich bin gewiss, dass weder Tod noch Leben, weder Engel noch Mächte noch Gewalten, weder Gegenwärtiges noch Zukünftiges, weder Hohes noch Tiefes noch eine andere Kreatur uns scheiden kann von der Liebe Gottes, die in Christus Jesus ist, unserm Herrn« (Römer 8,38-39).

Der Suchende

In unserem Text ist von »verlieren« und »finden« die Rede. Da muss ja einer da sein, der sucht. Und dieser eine ist Jesus. Jesus geht umher und sucht Verlorene. Hast du es nicht gemerkt, wie er in dein Haus trat und nach dir suchte, wie er deinen Namen rief und immer wieder rief? Es ist eine große Barmherzigkeit und eine große Geduld in diesem Suchen.

Aber ich würde mich an euren Seelen versündigen, wenn ich euch den Ernst verschweigen würde. Jesus kommt zu seinem Ziel. Er ist wie ein Jäger, der nicht ruht, bis er das Wild gestellt hat. »Denn siehe, es kommt ein Tag, der brennen soll wie ein

Ofen« (Maleachi 3,19). Da wird auch der Trotzigste und Ungläubigste von ihm gestellt. Gott »hat einen Tag festgesetzt, an dem er den Erdkreis richten will mit Gerechtigkeit durch einen Mann, den er dazu bestimmt hat, und hat jedermann den Glauben angeboten, indem er ihn von den Toten auferweckt hat« (Apostelgeschichte 17,31).

Wer wollte leichtsinnig diesem Tag entgegengehen? »Noch ist es Zeit, die Gnade rufet noch …«

Einst wurde Josef von seinem Vater ausgeschickt. Auf dem Weg traf ihn jemand. Dem sagte er: »Ich suche meine Brüder …« (1. Mose 37,16). So geht Jesus durchs Land: »Ich suche meine Brüder!« Welche Gnadenzeit!

Die große Freude

Und sie fingen an, fröhlich zu sein.
Lukas 15,24c

Lasst mich mit einer Geschichte aus dem Leben Davids beginnen. Ehe Gott diesen Mann vom Hirtenfeld zum König erhob, führte er ihn erst durch große Nöte. Wie es ja im Reich Gottes meist geht: »Durch Kreuz zur Krone.«

Jahrelang musste David ein Flüchtling sein vor dem rasenden König Saul. In dieser Zeit seiner tiefsten Erniedrigung floh er einst zum Philisterkönig nach Gat. Der nahm den Kriegshelden gern auf. Aber auch hier fand der Flüchtling keine Ruhestätte. Man begann David zu fürchten. Der König wurde gegen ihn argwöhnisch gemacht und aufgehetzt. Ja, es kam so weit, dass man ihn vernichten wollte.

Da rettete sich David durch eine seltsame List. »Und er stellte sich wahnsinnig vor ihren Augen und tobte unter ihren Händen und rannte gegen die Pforte des Tores und ließ seinen Speichel in seinen Bart fließen« (1. Samuel 21,14). Da glaubten die Heiden, er sei von Dämonen besessen. Und weil ein rechter Heide einen großen Respekt vor allem Teuflischen hat, wagten sie ihn nicht anzutasten. Und so entkam David und floh weiter.

Armer David! – Ja? Armer David? – Jetzt schlagen wir einmal den 34. Psalm auf:

»Von David, als er sich wahnsinnig stellte vor Abimelech und dieser ihn von sich trieb …: Ich will den Herrn loben allezeit; sein Lob soll immerdar in meinem Munde sein. Meine Seele soll sich rühmen des Herrn, dass es die Elenden hören und sich freuen.«

Ein Loblied im Munde des Verfolgten! Wird uns da nicht deutlich, dass der Christenstand ein Freudenstand ist?

Es ist eine Freude, die die Welt nicht begreift

Ich habe mir einmal eine kleine Randgeschichte zu der Geschichte vom verlorenen Sohn ausgedacht. Da treffen sich eines Tages zwei von den früheren Freunden des verlorenen Sohnes, zwei von den »leichten Gesellen«, die ihm halfen, sein Gut zu verprassen. »Du«, fragt der eine, »wo ist denn unser sogenannter ›verlorener Sohn‹ hingekommen?« »Ach«, lacht der andere, »der ist 'ne rechte Trauereule geworden. Der ist bei seinem Alten zu Kreuz gekrochen; er ist fromm geworden, sitzt zu Hause, bläst Trübsal, hängt den Kopf und schielt mit frommem Augenaufschlag zum Himmel.« »Ha, ha«, lacht der Erste, »na, das soll uns nicht passieren! Wir sind dabei geblieben: Wir lachen – wir trinken – wir lieben!« Und lachend gehen sie weg.

Wer aber gute Ohren hätte, der könnte hören, wie krampfhaft dieses Lachen ist. Und wer gute Augen hätte, der könnte sehen, wie ein Dämon mit einer Peitsche sie vorwärtsjagt, während das verwundete Gewissen – stirbt.

Dies aber geschieht in demselben Augenblick, da es in der Geschichte vom verlorenen Sohn heißt: »Und sie fingen an, fröhlich zu sein.«

Zwei Welten!

Es gibt mancherlei Arten von Freuden. Die meisten Freuden der verlorenen Welt bestehen darin, dass die Gier der Sinne gestillt wird: »des Fleisches Lust, der Augen Lust und hoffärtiges Leben«, sagt die Bibel in klassischer Zusammenfassung (siehe 1. Johannes 2,16).

Dann gibt es edlere Freuden. Das sind die, welche unser Gemüt erquicken: wenn ein musikalischer Mensch versunken Beethovens Neunte Symphonie genießt; wenn ich mit meinen Kindern an einem strahlenden Sommermorgen auf dem Gipfel der Hornisgrinde stehe und wir entzückt in die Schwarzwald-Berge schauen. Da sagen die Menschen: »Das ist himmlisch!« Und sie meinen, sie hätten das Höchste erreicht.

Die »himmlische« Freude der Christen ist viel, viel höher. Sie hat's nicht zunächst zu tun mit den Sinnen, nicht mit dem Gemüt. Nein, mit dem Gewissen. Mit dem ewig unruhigen Gewissen! Die tiefe Freude der Christen besteht in der Vergebung der Sünden. Und darum hat sie ihren Grund in einem frei gewordenen Gewissen, das zur Ruhe gekommen ist und tiefen Frieden hat.

Ich hatte einmal eine Diskussion mit einer Reihe von Männern. Da sagte ich einem: »Sie laufen der Wahrheit fort.« »Welcher denn?«, fragte er erregt. Ich erwiderte: »Dieser: Es ist dem Menschen gesetzt, einmal zu sterben, danach aber das Gericht« (siehe Hebräer 9,27). Während das Gespräch in anderen Bahnen weiterlief, zog mich auf einmal dieser junge Mann am Ärmel: »Wissen Sie genau, dass Gott Ihnen Ihre Sünden vergeben wird?« »Freund«, sagte ich, »er hat sie mir schon vergeben, durch Jesu Blut.«

Seht, darin, im befreiten Gewissen, liegt der Grund der tiefen Freude der Christen.

Es ist erst der Anfang der Freude

»Und sie fingen an, fröhlich zu sein.« Es ist, als klinge ein Zögern aus diesen Worten. Es ist, als wenn sie es erst lernen müssten, sich zu freuen.

So ist es im Leben eines rechten Christen. Die vollkommene Freude gibt es erst in der Vollendung; erst,

wenn dann zuletzt
ich angelanget bin
im schönen Paradeis,
von höchster Freud
erfüllet wird der Sinn.

Hier, in diesem Jammertal, heißt es nur: »Und sie fingen an, fröhlich zu sein.«

Lasst mich ein Gleichnis gebrauchen. In der eben schon genannten Neunten Symphonie von Beethoven kommt im letzten Satz ein Lied von der Freude. Diese Freudenmelodie klingt gleich im Anfang auf. Aber dann kommen auf einmal andere Töne dazwischen – schwere, dunkle, harte, schmerzzerrissene. Immer wieder ringt sich die Freudenmelodie empor; und immer wieder ist es, als würde sie von den schmerzerfüllten Klängen verschlungen, bis endlich – am Ende das Lied der Freude sich sieghaft, strahlend und unüberwindlich erhebt.

So ist das Leben eines Christen. Da heißt's wohl bei der Bekehrung: »Ich freue mich im Herrn, und meine Seele ist fröhlich in meinem Gott; denn er hat mir die Kleider des Heils angezogen und mich mit dem Mantel der Gerechtigkeit gekleidet« (Jesaja 61,10).

Aber dann hören wir andere, schwere, leidvolle Klänge aus dem Munde der Kinder Gottes. Da hören wir einen David weinen um den im Feld gefallenen Sohn: »Mein Sohn, mein Sohn Absalom! Wollte Gott, ich wäre für dich gestorben!« (2. Samuel 19,1). Da hören wir einen erbitterten Asaph murren: »Denn ich ereiferte mich über die Ruhmredigen, als ich sah, dass es den Gottlosen so gut ging« (Psalm 73,3). Da hören wir die Jünger seufzen: »Was werden wir essen? Was werden wir trinken? Womit werden wir uns kleiden?« (Matthäus 6,31). Da klagt ein Paulus: »Wollen habe ich wohl, aber das Gute vollbringen kann ich nicht … Ich elender Mensch! Wer wird mich erlösen von diesem todverfallenen Leibe?« (Römer 7,18b.24). Und um so manchen klagt die Gemeinde wie einst der Apostel: »Demas hat mich verlassen und diese Welt lieb gewonnen« (2.Timotheus 4,10).

Nun wohl, diese Klänge werden alle in unserem Herzen und Munde sein. Und es wird manchmal kläglich genug aussehen in unserem Christenstand. Lasst es nur gehen! »Treu ist er, der uns ruft« (1.Thessalonicher 5,24). Zu seiner Zeit wird in einem rechten Christenherzen das Lob schon wieder erklingen. Denn »die Frucht des Geistes ist … Freude« (Galater 5,22).

Und am Ende wird bei den Überwindern das Lied von der Freude in Vollendung hervorbrechen. Denn:

Es ist eine Freude ohne Ende

Es steht wohl hier: »… sie fingen an, fröhlich zu sein.« Aber ich lese nirgends: »Sie hörten damit auf.« *Ewige* Freude gibt es bei dem Herrn Jesus, »welcher ist um unsrer Sünden willen dahingegeben und um unsrer Rechtfertigung willen auferweckt« (Römer 4,25).

Wie anders ist's bei der Welt! Wie schnell sind die Blumen verwelkt, die Lieder verklungen, die Freuden dahin! Und dann folgen Tod, Grab, Gericht, Hölle. »Denn was der Mensch sät, das wird er ernten« (Galater 6,7).

Bei Jesus ist Freude ohne Ende – in Ewigkeit.

Man hat sich beklagt, mein dritter Teil sei immer so kurz. Nun, heute muss er kurz sein. Denn über die Freude ohne Ende kann ich wirklich nicht viel sagen. Es heißt ja: »Was kein Auge gesehen hat und kein Ohr gehört hat und in keines Menschen Herz gekommen ist, was Gott bereitet hat denen, die ihn lieben« (1. Korinther 2,9). So kann ich nicht viel sagen von der neuen, zukünftigen Welt. Aber ich freue mich darauf. Und ich sehne mich oft danach. Wir wollen uns wohl danach ausstrecken!

Da will ich immer wohnen
und nicht nur als ein Gast
bei denen, die mit Kronen

du ausgeschmücket hast;
da will ich herrlich singen
von deinem großen Tun
und frei von schnöden Dingen
in meinem Erbteil ruhn.

Der ältere Sohn

Aber der ältere Sohn war auf dem Feld.
Und als er nahe zum Hause kam,
hörte er Singen und Tanzen
und rief zu sich einen der Knechte
und fragte, was das wäre.
Lukas 15,25-26

Im Tempel zu Jerusalem war immer großer Betrieb. Allerlei Volk flutete ein und aus. Als der Herr Jesus eines Tages am Tempeltor stand, fiel ihm ein Mann auf: ein prachtvoller Mann, an dem man seine Freude haben musste. Seiner Haltung und seiner Kleidung sah man an, dass er's zu etwas gebracht hatte und im Leben etwas leistete. Man brauchte nur in sein Gesicht zu sehen, um zu wissen: Der gehört nicht zu dem windigen Volk, das sein Mäntelchen nach dem Wind hängt. Es war ein Mann mit einer gefestigten Weltanschauung.

Dieser prachtvolle Mann! Da geht er nun in den Tempel. Er war also nicht einer von denen, von denen die Bibel sagt: »Die Toren sprechen in ihrem Herzen: ›Es ist kein Gott‹« (Psalm 14,1). O nein! Er glaubte an den »Herrgott«.

Und nun seht, wie der Mann in unsere Zeit gepasst hätte: Nicht kriechend und winselnd, wie jener Zöllner, trat er vor seinen Gott. Nein, erhobenen Angesichts, im Bewusstsein seiner Würde, aufrecht und fest betete er: »Ich danke dir, Gott, dass ich nicht bin wie die andern Leute …« (Lukas 18,11-12).

Ein herrlicher Mann! Ist es nicht »ein Schlag ins Gesicht« alles natürlichen Denkens, dass Gottes Wort sagt: »Ihm fehlt das Beste. Gott kennt ihn nicht. Er ist fern vom Reich Gottes«? Das ist es, was auch unser Text uns heute Morgen sagen will: Dem selbstgerechten Menschen fehlt das Beste.

Er kennt nicht die Freude am Herrn

Sehen wir uns den älteren Bruder in unserem Gleichnis an. Da müssen wir – ebenso wie bei dem Pharisäer – sagen: Ein prächtiger Mann! Er ist nicht, wie der verlorene Sohn, weggelaufen vom Vater. Er hat nicht, wie sein Bruder, sein »Hab und Gut mit Huren verprasst«. Er hat still seine Pflicht getan. Man muss sie lieb haben und bewundern, diese Art Leute!

Aber es kommt jetzt nicht auf *unser* Urteil an, sondern auf Gottes Urteil. Und das lautet: Dieser ältere Bruder ist auch ein verlorener Sohn. Ja, er ist ein noch hoffnungsloserer Fall als sein Bruder.

Die Bibel deutet seine Lage an durch das Wort: »Aber der ältere Sohn war auf dem Feld.« Er war nicht vom Vater weggegangen, aber – er war auch nicht bei ihm. Er hätte es für Schwärmerei gehalten, wenn man ihm gesagt hätte: »Dein Vater will mehr als deine Pflichterfüllung. Er wartet auf deine Liebe. Er wartet darauf, dass du ihm dein Herz öffnest, damit er dir sein Herz öffnen kann.« »Unsinn«, hätte er gesagt, »ich muss aufs Feld!« So halten die Menschen unserer Tage es für Schwärmerei, wenn wir singen und beten und Gottes Wort betrachten. »Lasst uns in der Zeit arbeiten«, sagen sie, »das ist unser Gottesdienst.«

Aber lasst uns von uns reden und nicht von denen draußen! Ist das nicht die Lage von manch einem von uns: nicht ferne von Gott und doch – entfremdet dem Leben aus Gott?

Da saß ich einmal im Dritten Reich als Gefangener in einer Zelle. Schwer bedrückt mich die Einsamkeit. Gar nicht fern ist ein Mensch. Gleich in der Zelle nebenan ist er. Ich höre den anderen, wenn er hustet, wenn er seufzt. Ich höre, wenn er ruhelos auf und ab läuft. Ich kenne allmählich den anderen ganz genau. Und doch – ich bin von ihm geschieden. Da ist die unbarmherzige Mauer.

Sagt, sind nicht viele von euch so mit ihrem Gott dran? Sie sind nicht fern von ihm. Sie glauben an ihn und kennen ihn auch irgendwie. Aber – da ist die Mauer.

Arme Leute! Sie kennen nicht die Freude am Herrn, weil sie nur die Freude an sich selbst kennen. Sie sehen ihre Armut nicht, weil sie sich für reich halten. Sie kennen das wahre Leben nicht, weil sie sich einbilden, sie hätten das Leben gemeistert.

Er kennt nicht die Herrlichkeit der Gnade

Es fragte mich einmal ärgerlich ein Mann: »Sie reden immer von Jesus. Was haben Sie denn von Jesus?« Ich erwiderte: »So viel, dass ich bis morgen früh nicht fertig wäre, es aufzuzählen. Aber das Wichtigste ist mit einem Wort gesagt: Er hat mir alle meine Sünden vergeben.« Und das kann er, weil er am Kreuz das Gericht und die Strafe für mich auf sich genommen hat.

Völlige Vergebung der Sünden und völliger Friede mit Gott – gibt es etwas Größeres? Jeder von uns kann das in diesem Augenblick bekommen, wenn er's nur glauben will, dass Jesus auch ihm zugute starb und auferstand. Das Kreuz von Golgatha schreit es dir ins Herz: »Dir sind deine Sünden vergeben!«

Aber das Herz kann's so schwer fassen. Wir gleichen dem verlorenen Sohn. Als der umkehrte, da nahm er sich vor, zu sagen: »Vater, ich habe gesündigt gegen den Himmel und vor dir. Ich bin hinfort nicht mehr wert, dass ich dein Sohn heiße; mache mich zu einem deiner Tagelöhner!« Und das brachte er nur mit Furcht heraus. Wie wurde ihm da zumute, als ihn die Arme des Vaters umfingen, als der Vater ihm ein neues Gewand schenkte und ihm einen Ring an den Finger steckte!

Völlige Vergebung für den größten Sünder durch Jesu Blut: Das ist das Evangelium, die Freudenbotschaft!

Aber wir müssen heute Morgen ja von dem selbstgerechten Menschen reden. Von dem älteren Bruder. Der versteht von alldem – nichts. Ihm ist »Gnade« ein verächtliches Wort. Er will sie nicht. Und warum nicht? Weil er meint, er brauche sie nicht.

Und nun muss ich etwas sehr Ernstes sagen: Wer Gnade nicht will, der braucht sie nicht zu nehmen. Gnade wird keinem aufgezwungen. Nur – man soll sich klarmachen, was man damit ausschlägt. Es kommt bei jedem Menschen – vielleicht im Sterben, sicher im Gericht Gottes nach dem Tod – die Stunde, in der man auf einmal merkt: Ich bin ja auch ein Sünder. Ich brauche nichts nötiger als Gnade. Aber – verschmähte Gnade kehrt nicht zurück. Wer Gottes *Gnade* in Jesus nicht will, der muss eben Gottes *Gericht* tragen.

Wenn der ältere Bruder aus dem Gleichnis jetzt hier wäre, würde er auffahren und für manchen das Wort ergreifen und sagen: »Was soll das Gerede! Ich brauche Gnade nicht, weil ich kein Sünder bin.« Und ich würde ihm als Antwort erzählen: Die russische Zarin Katharina hatte einen Minister Potemkin. Dem gab sie große Summen, um Bauern-Siedlungen zu bauen. Er aber unterschlug das Geld. Eines Tages wollte die Zarin die Siedlungen sehen. Da ließ er rasch einige Meilen rechts und links entlang der großen Straße Dorfkulissen bauen. Und als die Zarin die Straße entlangfuhr, sah sie überall Dächer und Kirchtürme. Aber es war alles – Pappe.

Der selbstgerechte Mensch baut für Gott »Potemkinsche Dörfer« mit seinen vermeintlichen Tugenden. Aber meint ihr, dass die das Feuer des Jüngsten Gerichts überdauern werden? »Sehe jeder, wie er's treibe, sehe jeder, wo er bleibe …«, sagt Goethe. Ich jedenfalls möchte im Reich der Gnade bleiben.

Er steht abseits, wenn Sünder heimkehren

»Und als er nahe zum Hause kam, hörte er Singen und Tanzen.« Da wurde ein Fest gefeiert, weil der verlorene Sohn zurückgekehrt war. Wo hier »Singen« steht, steht im griechischen Text »Symphonie«, zu deutsch »Zusammenklang«. Das ist in der Tat die herrlichste Symphonie und der lieblichste Zusammenklang, wenn die Engel im Himmel jauchzen über einen Sünder, der Buße tut, und im Herzen eines geretteten Sünders alle Stimmen zusammenklingen zu dem Lobgesang:

Mir ist Erbarmung widerfahren,
Erbarmung, deren ich nicht wert;
das zähl ich zu dem Wunderbaren,
mein stolzes Herz hat's nie begehrt.
Nun weiß ich das und bin erfreut
und rühme die Barmherzigkeit.

Welch eine Symphonie! Der ältere Bruder aber steht abseits, ruft einen Knecht und fragt spöttisch und ärgerlich, »was das wäre«.

Auch In unseren Tagen klingen die Symphonien und Loblieder von verlorenen Söhnen, die in Jesus Gnade fanden und heimkamen. Und immer noch fragen die Selbstgerechten, »was das wäre«.

Es sind großartige Leute, die Selbstgerechten! Aber »meine Seele komme nicht in ihren Rat!« (siehe 1. Mose 49,6). Die Bibel hat recht: Es fehlt ihnen das Beste.

Gottes Wertmaßstäbe

… und rief zu sich einen der Knechte
und fragte, was das wäre.
Der aber sagte ihm: Dein Bruder ist gekommen,
und dein Vater hat das gemästete Kalb geschlachtet,
weil er ihn gesund wiederhat.
Lukas 15,26-27

Wer aufmerksam die Bibel liest, macht eine seltsame Entdeckung: Dinge, die uns furchtbar wichtig sind, werden im Wort Gottes als Belanglosigkeiten behandelt. Dagegen werden Ereignisse, die der Welt belanglos vorkommen, vom Wort Gottes sehr wichtig genommen.

Ein Beispiel: Im zweiten Jahrtausend vor Christus war Ägypten auf der Höhe seiner Macht. Von dem mächtigen Reich und seiner gewaltigen Kultur geben uns die Pyramiden, riesige Tempelruinen und Ausgrabungen Kunde. Die Bibel geht großartig hinweg über dieses ganze wichtige Stück Weltgeschichte. Dagegen erzählt sie ausführlich, dass damals ein Elternpaar namens Amram und Jochebed im Glauben ihr Kindlein Mose versteckte vor den Nachstellungen des Königs Pharao – eine Sache, die wiederum der Welt nicht wichtig erschien.

Oder ein anderes Beispiel: Was war das für eine Sache, als das römische Weltreich unter dem Kaiser Augustus entstand! Die Bibel erwähnt aber den Augustus nur in einem Nebensatz. Dagegen berichtet sie in einem ganzen Kapitel ausführlich darüber, dass da in einem Stall ein Kind namens Jesus geboren wurde – eine Tatsache, von der die Welt in keiner Weise Notiz nahm.

Es muss also wohl so sein, dass Ereignisse, die die Welt mit Getöse und die Herzen mit Erregung erfüllen, vor Gott keiner Erwähnung wert sind; dass dagegen Geschehnisse, an denen die Welt vorübergeht, in der himmlischen Welt allerhöchste Bedeutung haben.

Das hat mich nachdenklich gemacht. Das hat mir die Frage wichtig werden lassen: Was gilt in der himmlischen Welt als wichtiges Ereignis?

Welche Antwort gibt unser Text?

Wir wollen uns die Geschichte vergegenwärtigen. Da kommt der Ältere vom Feld. Er hat keine Ahnung, was inzwischen zu Hause vorgegangen ist. Als er sich dem Haus nähert, hört er den lauten Trubel eines Festes – das Singen und Tanzen. Er stutzt: »Nanu? Da ist ja alles in freudigem Tumult! Da ist ja alles auf den

Kopf gestellt! Was mag denn nur Wichtiges passiert sein? Ist etwa der Vater Bürgermeister geworden? Oder haben wir eine große Erbschaft gemacht? Oder ist gar einer der Fürsten des Landes zu Besuch gekommen? Was mag denn nur geschehen sein, dass in meinem Elternhaus solch eine Aufregung ausgebrochen ist?!«

Er ruft einen Knecht und fragt, was das wäre. Und da bekommt er die unerwartete Antwort: »Dein Bruder ist gekommen, und dein Vater hat das gemästete Kalb geschlachtet, weil er ihn gesund wiederhat.« Das also bringt das ganze Vaterhaus »aus dem Häuschen«: Der verlorene Sohn ist heimgekommen.

Nun ist die Geschichte ja ein Gleichnis. Wir wollen es erklären: Des Vaters Haus ist die ganze himmlische Welt mit allen Engeln, Mächten, Cherubim und Seraphim, vor allem mit dem dreieinigen Gott. Und nun fragen wir mit dem älteren Sohn: Was bringt denn die himmlische Welt in freudige Aufregung? Was gilt in der himmlischen Welt als wichtiges Ereignis? Antwort: Wenn ein verlorenes Kind heimkehrt. Wir bekommen hier dasselbe gesagt, was der Herr Jesus in unserem Textkapitel an anderer Stelle zweimal sagt: »So, sage ich euch, wird Freude sein vor den Engeln Gottes über *einen* Sünder, der Buße tut« (Lukas 15,7.10).

Gewaltige Ereignisse erfüllen die Welt. Aber sie haben vergängliche Bedeutung. Sie verlieren ihre

Wichtigkeit in der strömenden Zeit. In der Ewigkeit aber ist das *eine* wichtig, ob ein Mensch heimkehrt

in der Liebe Heimat ein,
in die Fülle aus der Leere,
in das Wesen aus dem Schein,
aus der Lüge in die Wahrheit,
aus dem Dunkel in die Klarheit,
aus dem Tode in das Leben,
aus der Welt ins Himmelreich …

Weil die Heimkehr *einer* Seele im Himmel so große Bedeutung hat, wollen wir dabei noch stehen bleiben und fragen:

Was bedeutet denn solche »Heimkehr«?

Ich will es von ein paar Seiten her deutlich machen. Wenn im Mittelalter ein Mensch in die Fremde zog, dann sagte man: Er zieht ins Elend. Das Wort »Elend« hatte also die doppelte Bedeutung von »Fremde« und »Jammer«. »Fremde« hieß zugleich »Elend«.

Solange nun ein Mensch fern von Jesus lebt, lebt er in der Fremde. Er ist im »Elend«. Du kannst es in der Welt zu einer angesehenen Stellung bringen, du kannst Hab und Gut erwerben – du bist im Elend. Du reibst dich vielleicht auf in treuer Pflichterfüllung; du gehst mit der Zeit und legst Hand an – du bist doch im Elend. Es kann sein, dass die Leute dich loben und du dich zeitweise glücklich und zufrieden fühlst – du bist doch im Elend. Und du musst schon »Hansdampf in allen Gassen« sein, du musst dein armes Leben mit beständiger Unruhe erfüllen, du musst Sünde auf Sünde häufen, damit dein heimwehkrankes Gewissen nicht laut hinausschreit. Es gibt Menschen, die haben das Elend eines Tages satt. »Ich will umkehren zu Gott, zur Quelle des Lebens«, sagen sie. Ja, wo ist Gott? Nirgendwo anders als in Jesus. Also auf zu ihm! Selige Zeit, wenn es heißt: »Jesus, Heiland meiner Seelen, lass an deine Brust mich fliehn …!« Hier kann man ewig bleiben. Darum ist's Heimat. Da hat das Elend ein Ende.

Nun möchte ich euch noch von einer anderen Seite zeigen, was solche Heimkehr bedeutet. In unserem Text sagt der Knecht: »… dein Vater hat das gemästete Kalb geschlachtet.« Ein gemästetes Kalb! Da läuft uns ja das Wasser im Munde zusammen, wenn wir das hören. Was mag das erst für den ausgehungerten verlorenen Sohn bedeutet haben! Der hatte ja nach den Schoten gegiert, die die Säue fraßen, und sie nicht bekommen. Und nun – ein gemästetes Kalb! Er ist aus dem Hunger in die Fülle gekommen.

Der Mensch, der fern von Jesus lebt, leidet entsetzlich Hunger – an der Seele. Zeitung, Kino, Radio, Fernsehen, Tagesneuigkeiten – nun ja! Aber wenn die Seele davon leben soll, dann muss sie verschmachten. Und wenn ich die Menschenschlangen vor den Kinos sehe, wenn ich sehe, wie die Menschen auf das »Neueste« aus sind, dann ist mir, als hörte ich die Seelen vor Hunger schreien. Auch die edelsten Dinge der Welt sind keine »gemästeten Kälber«, sondern im besten Falle dünne, sehr dünne Süpplein.

Aber Freunde! Wer zum Herrn Jesus und zu seinem Wort kommt, der lebt auf. »Wer ihn hat, ist still und satt.« Er sagt: »Ich bin gekommen, dass sie das Leben und volle Genüge haben sollen« (Johannes 10,10). So ruft er schon durch den Propheten: »Warum zählt ihr Geld dar für das, was kein Brot ist, und sauren Verdienst für das, was nicht satt macht? Hört doch auf mich, so werdet ihr Gutes essen und euch am Köstlichen laben« (Jesaja 55,2).

Noch von einer dritten Seite will ich euch zeigen, was solche Heimkehr bedeutet. Der Knecht berichtet dem älteren Bruder: »... dein Vater hat das gemästete Kalb geschlachtet, weil er ihn gesund wiederhat.« Das will nicht sagen: Der verlorene Sohn ist gesund und unverletzt durch seine Irrtumszeit gegangen. Sondern das soll heißen: Der verlorene Sohn war todkrank. Aber nun ist er an der Liebe des Vaters genesen.

Der Mensch ohne Jesus ist also krank. Das ist die

Krankheit zum Tod. Sein Leben ist ein Fieberzustand. Er lebt im Delirium und Rausch. Er hat Wahnideen über sich selbst, über Gott, über den Tod und über das Gericht Gottes. Und am Ende wartet der ewige Tod.

Der verlorene Sohn war genesen. Jetzt sah er klar und nüchtern: sich selbst; seinen verlorenen Zustand; die Welt, wie sie wirklich ist; und vor allem die Liebe des Vaters. So ist der Mensch, der sich zum Herrn Jesus bekehrt, von der Krankheit zum Tod zur Genesung gekommen. »… durch seine Wunden sind wir geheilt« (Jesaja 53,5). Und die heilsame Medizin heißt »Vergebung der Sünden«.

Aber lasst uns zum Thema zurückkehren!

Das allein ist in der himmlischen Welt der Ewigkeit wichtig, ob ein Mensch aus dem Elend zum Vaterhaus, aus dem Hunger in die Fülle, aus der Krankheit zum Leben heimkehrt. Darum frage ich zum Schluss:

Ist das auch dir wichtig?

Ist das auch dir vor allem für dich selbst wichtig? Ich hatte im letzten Krieg ein ergreifendes Erlebnis. Da traf ich einen Urlauber aus dem Osten. Er hatte drei Auszeichnungen. Darunter das »Eiserne Kreuz 1. Klasse«. Unerhörtes hatte er geleistet und durchgemacht. Ich schüttelte ihm die Hand und sagte: »Ich gratuliere dir, dass du dieses Kreuz trägst!« Da sagte dieser Soldat leise: »In meines Herzens Grunde Jesu Nam und Kreuz allein funkelt all Zeit und Stunde, drauf kann ich fröhlich sein …« Seht, der hatte einen göttlichen, himmlischen Sinn. Dem war seine Heimkehr und Errettung wichtiger als alles andere.

Denken wir auch so? Dann sind wir dem göttlichen Denken nahe. So hat's der Herr Jesus gemeint. Als seine Jünger von ihren Erfolgen berichteten, da sagte er: »… darüber freut euch nicht … Freut euch aber, dass eure Namen im Himmel geschrieben sind« (Lukas 10,20).

Und stehen wir so im Blick auf andere, dass uns die Errettung der Sünder das Wichtigste scheint? O Gemeinde Jesu! Zerstreue dich nicht ins Vielerlei! Lasst es uns mit dem Liederdichter halten:

Deine Liebe, deine Wunden,
die uns ein ew'ges Heil erfunden,
dein treues Herz, das für uns fleht,
wollen wir den Seelen preisen
und auf dein Kreuz so lange weisen,
bis es durch ihre Herzen geht.

Der selbstgerechte Mensch

Da wurde er zornig
und wollte nicht hineingehen.
Lukas 15,28a

Als der Herr Jesus die Geschichte vom »verlorenen Sohn« erzählte, standen um ihn her Leute in weiten, morgenländischen Gewändern. Diese Leute wussten noch nichts von Radio und Flugzeugen. Ein Motor war ihnen ebenso unbekannt wie Max Plancks Quantentheorie.

Wie hat sich die Welt gewandelt, seitdem der Herr Jesus diese Geschichte erzählte! Ja, hat es denn da noch einen Sinn, wenn wir diese alte Geschichte vom »verlorenen Sohn« betrachten? Passt die denn überhaupt noch in unsere Zeit? O ja! Sie passt! Die Bibel veraltet nie. Denn sie befasst sich mit zwei Objekten, die sich nie verändern, die sich im Wandel der Zeit immer gleich bleiben: nämlich mit dem lebendigen Gott und mit dem Menschenherzen. Dieses ist trotz Radio, Auto, Flugzeug und Presse genauso wie zur Zeit Jesu.

Es gibt auch heute noch »verlorene Söhne«. Es gibt auch heute noch »verlorene Kinder«, die heimkommen ins Reich der Gnade. Und es gibt auch heute noch den »älteren Bruder«, den selbstgerechten Menschen. Mit dem haben wir es jetzt noch einmal zu tun.

Gnade – das kann ihn aufregen

»... der ältere Sohn war auf dem Feld.« Er ist das Bild des tüchtigen, selbstgerechten und völlig ungebrochenen Menschen. Er nähert sich dem Haus, hört den Festjubel, ruft einen Knecht und fragt, was das wäre. Und da hört er die Botschaft von der Gnade.

Nun sollte man doch denken, er freue sich mit. Man könnte es zur Not verstehen, wenn er die Achseln zuckte und dächte: Es geht mich nichts an, was der Vater da tut. Aber nein: »Da wurde er zornig.«

Warum eigentlich? Ich weiß es nicht. Ich weiß nur, dass es so ist. Ja, bis zum heutigen Tag ist es so, dass die Botschaft von der Gnade den selbstgerechten Menschen geradezu aufregt. Gerade in unserer Zeit ergoss sich eine Flut von Zorn über diese »knochenerweichende Lehre« von der Gnade. In Büchern und Schriften, in Reden und Zeitungsartikeln hörten wir den Zorn des »älteren Bruders« über die »Sündenbocktheorie«, wie man das stellvertretende Leiden des Heilands nannte.

Vielleicht steht auch dein Herz bei dem älteren Bruder und rebelliert – gegen die Botschaft, dass nur ein begnadigter, bußfertiger Sünder in den Himmel kommt!?

Der Zorn des älteren Bruders hat das Fest der Gnade nicht aufhalten können. Armer, selbstgerechter Mensch! Du kannst es nicht verhindern, dass zerschlagene Herzen Buße tun und in die Gnadenarme des Heilands fliehen.

Nun ist er doch ein Feind Gottes

Der natürliche Mensch ist selbstgerecht. Und wir tragen diese Selbstgerechtigkeit alle an uns. Da ist man so stolz auf seine Tugenden und Verdienste. Da sieht man sich in einem so netten Licht. Da meint man, mit alldem müsste es einem doch bei Gott gelingen.

So sagt der ältere Sohn nachher (V.29) selbstgefällig zum Vater: »Siehe, so viel Jahre diene ich dir und habe dein Gebot noch nie übertreten ...« Heute würde er sagen: »Ich tue recht und scheue niemand.«

Da möchte ich diesem Mann ins Wort fallen und sagen: »Gut! Du bist ein feiner Kerl! Aber nun stehst du eben doch draußen und bist zornig. Merkst du denn nicht, dass du nun auch ein Feind des Vaters bist – so gut, oder vielmehr so böse wie dein Bruder, als er in die Welt lief? Und weil du nun ein Feind des

Vaters geworden bist, brauchst du ebenso Gnade wie dein Bruder.«

Das ist es, was unser Text uns mit großer Wucht einhämmert: Der tüchtige, selbstgerechte Mensch ist ebenso ein Feind Gottes wie der schlimmste Atheist und der gröbste, schlechteste Sünder. Wer wir auch seien – *uns* gilt, was Paulus sagt: »… sie sind allesamt Sünder und ermangeln des Ruhmes, den sie bei Gott haben sollten« (Römer 3,23). Wir sind alle gnadenbedürftig.

Lasst mich ein Bild gebrauchen: Ein Urlauber aus Russland erzählte mir eine tolle Geschichte. Da hatte eine Kampfeinheit eine Telefonleitung zu einem übergeordneten Stab gelegt. Die Leitung lief durch einen einsamen Wald. Nun kamen in einer Nacht Partisanen, schnitten die Leitung heimlich ab und verbanden sie mit einer anderen. An der saß ein Deutsch sprechender Russe. Und nun bekam die Einheit ihre Befehle – vom Feind. Und sie wusste und ahnte es nicht.

Ist das nicht die Lage des Menschen seit dem Sündenfall? Ein Sünder, der mit schlechtem Gewissen sündigt, weiß wenigstens: Ich werde vom altbösen Feind dirigiert. Aber der selbstgerechte Mensch weiß das nicht. Er weiß nicht, dass der Feind ihn leitet. Er meint, es sei alles in Ordnung. Und doch steht er unter dem Teufel.

Das kommt erst in Ordnung, wenn wir in den Bereich der Gnade kommen; wenn der Sohn Gottes uns »vom Verderben erlöst« und uns »krönet mit Gnade und Barmherzigkeit« (Psalm 103,4).

Er will nicht ins Reich der Gnade. Er »wollte nicht hineingehen.« Da steht nun der Mann vor der Tür. Drinnen ist Freude, Leben und Seligkeit, Singen und Klingen. Aber er steht da – wie ein Holzblock. Man möchte ihm einen Schubs geben und sagen: »Geh doch hinein!« So möchte ich manch einem einen Schubs geben und sagen: »Geh doch hinein! Dein Heiland wartet ja auf dich. Die Liebe Gottes in Jesus wartet auf dich. Geh doch ins Leben, in die Freude, ins Reich der Gnade!«

Aber »er *wollte* nicht hineingehen«! Oh, dieser böse Wille! Da sagt einer: »Ich kann eben nicht glauben, was in der Bibel steht.« Der Zweite: »Meine wissenschaftliche Bildung erlaubt es nicht.« Der Dritte: »Meine berufliche und gesellschaftliche Stellung duldet es nicht.« Wie viele Gründe findet der Mensch, um das »Ich *will* nicht« zu bemänteln!

Da steht Jesus auf einem Berg. Vor ihm liegt im Sonnenglanz das herrliche Jerusalem. Da bricht der Sohn Gottes in Tränen aus: »Jerusalem, Jerusalem …! Wie oft habe ich deine Kinder versammeln wollen, wie eine Henne ihre Küken versammelt unter ihre Flügel; und ihr habt nicht gewollt!« (Matthäus 23,37).

Soll Jesus so über uns weinen? Nicht? Dann geh in dein Kämmerlein und bete:

Zieh mich, o Vater, zu dem Sohne,
damit dein Sohn mich wieder zieh zu dir.
Dein Geist in meinem Herzen wohne
und meine Sinne und Verstand regier,
dass ich den Frieden Gottes schmeck und fühl
und dir darob im Herzen sing und spiel!

Die Bitte des Vaters

Da ging sein Vater heraus und bat ihn.
Lukas 15,28b

In der einsamen Steppe hinter dem Berg Horeb – so erzählt die Bibel – saß ein einsamer Hirte und hütete seine Herde. Dieser Hirte hieß Mose. Er war ein gewaltiger Mann, der mit mächtigen Königen verkehrt und große Pläne gehabt hatte. Aber alles war ihm zerschlagen worden, sein glanzvolles Leben hatte er aufgeben und in die Fremde fliehen müssen. Nun war er ein einsamer Mann, dem die stille Steppe der liebste Aufenthalt war.

Da stutzt er auf einmal: Er sieht ein Gebüsch, das mit Feuer brennt und doch nicht verzehrt wird. »Ich will hingehen«, sagt er, »und die wundersame Erscheinung besehen, warum der Busch nicht verbrennt.«

Als er aber näher tritt, wird offenbar, dass der Herr ihm hier begegnen will. Und eine Stimme ruft ihn an: »Mose, Mose! Er antwortete: Hier bin ich. Gott sprach: Tritt nicht herzu, zieh deine Schuhe von deinen Füßen; denn der Ort, darauf du stehst, ist heiliges Land!« (2. Mose 3,2-5).

Dies ging mir nicht aus dem Sinn, als ich daranging, die Auslegung des heutigen Textes vorzubereiten. Von diesem Text heißt es auch: »Dies ist heiliges Land!« Hier kommt die Geschichte, die wir nun schon so lange betrachten, zu ihrem Höhepunkt. Hier haben wir die volle Offenbarung der Liebe Gottes in Jesus. Dass Gott die *zerbrochenen* Herzen liebt, das sahen wir am verlorenen Sohn. Und wir konnten nicht aufhören, uns darüber zu wundern. Heute aber hören wir das noch Seltsamere: dass er sogar die harten, selbstgerechten Herzen liebt.

Das unterbrochene Fest

Der verlorene Sohn ist heimgekommen aus großem Elend. Liebreich nimmt ihn der Vater auf. Ja, er veranstaltet ein Freudenfest. Auf einmal tritt ein Bote in den Saal. Er flüstert mit dem Vater. Was ist die Botschaft, die er bringt? »Draußen steht dein älterer Sohn; er ist zornig auf dich und den Bruder und will nicht hereinkommen.« Da steht der Vater auf …

Als der Herr Jesus das erzählte, geschah gerade dasselbe. Wer waren denn seine Zuhörer? Lasst uns noch einmal den Anfang des Kapitels ansehen. Da steht: »Es nahten sich ihm aber allerlei Zöllner und Sünder … Und die Pharisäer und Schriftgelehrten murrten und sprachen: Dieser nimmt die Sünder an und isst mit ihnen« (Lukas 15,1-2). Da hatten sich verlorene Söhne um den Heiland versammelt. Sie erlebten beim Herrn Jesus: »Es ist eine Ruh vorhanden für das arme, müde Herz …«

Aber dieses Freudenfest wurde unterbrochen durch das Murren der Pharisäer. Und da erzählt der Herr Jesus unsere Geschichte. Er erzählt von dem verlorenen Sohn, der ins Elend kommt. »Da sind wir gemeint!«, denken die Zöllner. Und Jesus erzählt, wie der verlorene Sohn heimkehrt und bekennt: »Ich habe gesündigt.« »Ja, so war das!«, denken die Sünder um Jesus. »Bekennen mussten wir!« Und Jesus erzählt von den ausgebreiteten Armen des Vaters. »Deine Arme sind es!«, denken die Sünder und sehen den Heiland froh an. – Und der Herr Jesus erzählt vom älteren Bruder. »Aha!«, denken die Pharisäer. »Das sind wir!« Und der Herr Jesus erzählt, dass der ältere Bruder zornig wurde. »Sind wir auch!«, denken die Pharisäer. Und dann erzählt der Herr Jesus, wie dem Vater das gemeldet wird. »Und dann stand der Vater auf. Und die Musik schwieg. Und alle hielten den Atem an. Und der Vater ging hinaus und …« »… und schalt den Sohn«, ergänzen die Pharisäer heimlich. »Und jetzt wird er loslegen gegen uns«, denken sie. Aber der Herr Jesus fährt fort: »Da ging der Vater heraus und – *bat ihn*.« Und nun schaut Jesus seine Feinde an. Und nun wissen sie: »Jetzt bittet er uns, hineinzukommen ins Reich der Gnade. Uns bittet er, uns, seine Feinde!« Ob ihnen das nicht durch und durch ging?

Diesen Zustand des unterbrochenen Festes kennen alle wahren Christen. Sie möchten jauchzen über erfahrenes Heil. Aber sie können nicht ganz froh werden, weil noch Brüder und Schwestern draußen stehen – vor der Tür des Gnadenreichs. Und der Heiland muss hinaus; und sie müssen auch hinaus und werben und bitten und einladen: »Komm zu dem Heiland …«

Es kann nicht Friede werden,
bis Jesu Liebe siegt;
bis dieser Kreis der Erden
zu seinen Füßen liegt …

Das Hinausgehen

»Da ging sein Vater heraus …«

Wie viele Religionen gibt es doch in der Welt! Man kann sie so wenig zählen wie die Sterne am Himmel. Und ich kann verstehen, dass mancher ärgerlich sagt: »Welche soll denn da die richtige sein? Ich finde mich nicht zurecht und glaube gar nichts mehr!«

Ich will dir sagen: Keine ist die richtige. Keine! Denn in allen Religionen sucht der Mensch Gott. Aber niemand kann ihn finden, ihn, »der da wohnt in einem Licht, zu dem niemand kommen kann« (1.Timotheus 6,16).

Der Mensch kann Gott nicht suchen. Aber das ist die Wahrheit und das Evangelium, dass Gott *uns* sucht durch den Herrn Jesus Christus. Das ist die unerhörte Botschaft der Bibel, die allen religiösen Bemühungen der Menschen ein Ende macht: »Gott sucht dich, du verlorener Mensch!«

»Da ging sein Vater heraus …« Hier redet der Herr Jesus von sich selbst. Ja, er ging heraus. Er verließ das himmlische Reich und ging hinaus in die kalte, böse Welt, wo Mord und Tod und Hass und Unkeuschheit und Lüge regieren – wo der Teufel herrscht. Er ging heraus aus seiner göttlichen Sohnesmajestät und wurde ein armer Mensch.

Sehet dies Wunder,
wie tief sich der Höchste hier beuget!
Sehet die Liebe,
die endlich als Liebe sich zeiget!
Gott wird ein Kind,
hebet und träget die Sünd …

Zweimal kam in unserem Gleichnis der Vater heraus: einmal, um den bösen Sohn heimzuholen; das andere Mal, um den guten Sohn hereinzuwerben. Wie viel

Mühe hat der Heiland der Welt mit Bösen und Guten, mit Sündern und Frommen, mit Zerbrochenen und Selbstgerechten, mit Verzagten und Stolzen!

Noch immer »geht« der Herr Jesus »heraus«, um die Menschen ins Reich der Gnade zu rufen. Das ist die geheime Unruhe in der Welt: Der Herr Jesus lässt die Leute nicht in Ruhe. Er sucht sie. Er stöbert sie auf. Er zieht und ruft. Warum? Weil er besser als wir weiß, wie schrecklich es ist, ewig verlorenzugehen.

Das Bitten

»… und bat ihn.«

Kann ich denn mit diesem meinem Munde, der so oft törichte Dinge redet – kann ich denn mit Worten, die ich im Alltag gebrauche, das Unerhörte klarmachen, das der Herr Jesus hier sagt? Da stehen die Pharisäer. Die verstehen etwas von Religion. Und die wissen, dass ein Mensch seinen Gott bitten kann um dies und das. Hier aber verkündigt der Sohn Gottes die große Botschaft, dass Gott den Menschen bittet. Der Schöpfer bittet das Geschöpf, der Heilige die Unheiligen. Der Vater bittet den störrischen, selbstgerechten Sohn. Dein Heiland bittet dich! Er, der um deiner Schuld willen am Kreuz hing; er, vor dem die Cherubim und Seraphim sich scheuen – er bittet uns.

Um was?

Im griechischen Text steht hier ein Wort, das nicht nur »bitten« heißt, sondern auch »ermahnen«, »freundlich und ernst zureden«. Dasselbe Wort finden wir noch einmal im Neuen Testament. Da heißt es: »Gott *ermahnt* durch uns; so bitten wir nun …: Lasst euch versöhnen mit Gott!« (2. Korinther 5,20).

Ich höre in unseren Tagen oft: »Es geschehen so schreckliche Dinge. Und Gott schweigt!« Ach nein! Er schweigt ja gar nicht! Er geht heraus zu uns und bittet: »Lasst euch versöhnen mit Gott!«

Die Sprache des nicht Wiedergeborenen

Er antwortete aber und sprach zu seinem Vater:
Siehe, so viele Jahre diene ich dir
und habe dein Gebot noch nie übertreten,
und du hast mir nie einen Bock gegeben,
dass ich mit meinen Freunden fröhlich gewesen wäre.
Lukas 15,29

Es war in einer späten und stillen Nachtstunde. Die Welt schlief schon. Da klopfte es beim Herrn Jesus an. Und als er öffnete, stand da ein sehr vornehmer und gelehrter und auch sehr religiöser Mann namens Nikodemus. Der hatte sich gefürchtet, am helllichten Tag zu diesem umstrittenen Jesus zu kommen. Aber neugierig war er doch. Er wollte beim Herrn Jesus neue Erkenntnisse bekommen.

Es ist mir wichtig, dass der Herr nicht sagte: »Lieber Nikodemus, komm gefälligst bei Tage!« Nein, Jesus nahm ihn auf und bewies damit, dass man immer zu ihm kommen darf. Allerdings sagte er Dinge, die dem Nikodemus durch und durch gingen. Er sagte: »Nikodemus, du brauchst keine neuen Erkenntnisse, sondern eine neue Geburt, eine Wiedergeburt.«

Das war dem Nikodemus befremdlich zu hören.

Später hat er allerdings wohl die Wiedergeburt erfahren.

Wie mag's bei uns damit stehen? Ich fürchte, es gleichen viele dem älteren Bruder in unserem Gleichnis, dem Urbild des nicht wiedergeborenen Menschen. Man erkennt den Menschen an seiner Sprache. Wir hören heute eine kleine Rede des älteren Bruders. Genauso redet auch heute noch der nicht wiedergeborene Mensch. Wir wollen uns seine Sprache einmal genauer ansehen.

»Siehe, so viele Jahre diene ich dir …«

Wir wollen den Text noch einmal lesen: »Er antwortete aber und sprach zu seinem Vater: Siehe, so viele Jahre diene ich dir …« Fällt es euch nicht auf, dass da ein Wörtlein fehlt? Dieser Mensch redet seinen Vater nicht mit dem Wort »Vater« an. »Vater« – das sagt der nicht wiedergeborene Mensch nicht zu Gott. Er redet vom »Herrgott«, vom »Schicksal«, von »Gott« – aber »Vater« kann er nicht sagen. Wie sollte er auch! »Vater« – das können nur die Kinder sagen, die »von Gott geboren sind«. Wer vom Sohn Jesus zum Vater gezogen worden ist, wer durch Gottes Wort gezeugt und durch Gottes Geist neu geboren wurde, der sagt zu Gott: »Mein Vater!«

Aber nun wollen wir hören, was dieser ältere Bruder redet. Das sagt er: »… so viele Jahre diene ich dir …« Ja, so spricht der nicht wiedergeborene Mensch. Er kann seinem Gott eine Rechnung aufmachen. Und da hat er all seine Tugenden und seine Tüchtigkeit und seine Vorzüge und seine guten Werke zusammengestellt. Er baut sein Heil auf das, was er tut und getan hat. Aber es geht ihm damit in Wirklichkeit, wie es jenem Mann im Traum erging. Dieser Mann meinte auch, jede gute Tat sei eine Sprosse an einer Leiter, die von der Erde in den Himmel führt. Da träumte er einst, er sei gestorben. Und nun wollte er auf der Leiter seiner Verdienste in den Himmel steigen. Aber als er die oberste Sprosse erreichte, merkte er mit Schrecken, dass er weit, weit vom Ziel entfernt war. Da taumelte er, stürzte herab und – erwachte.

»… so viele Jahre diene ich dir …« So sagt der nicht wiedergeborene Mensch. Der Wiedergeborene hat eine andere Sprache. Wisst ihr, wie der sagt? Er sagt zu seinem Heiland: »So viele Jahre dienst du mir!« Der Wiedergeborene baut sein Heil nicht auf das, was *er* tat, sondern auf das, was *der Herr* für ihn tat. Wir haben einen Heiland, der von sich sagte: »Der Menschensohn ist nicht gekommen, dass er sich dienen lasse, sondern dass er diene und gebe sein Leben zu einer Erlösung für viele« (Matthäus 20,28). Wir haben einen Heiland, der seinen Jüngern diente und ihnen die Füße wusch. Wie hat mein Heiland mir gedient! Er hat auch mich gewaschen mit seinem Blut. Er hat mich getragen auf Adlersflügeln. Er, der mein Herr ist, diente mir in tausenderlei Weise.

Also: Der nicht Wiedergeborene sagt: »So viel Jahre diene ich dir!« Der Wiedergeborene sagt: »Von Ewigkeit her dienst du mir.«

»… und habe dein Gebot noch nie übertreten …«

Wirklich, so sagt er. Und er wird noch nicht einmal rot dabei. Er glaubt also wirklich, was er da sagt. Glaubt ihr, dass es irgendwo in der Welt einen Sohn gibt, der so zu seinem Vater sagen könnte: »Ich habe dein Gebot noch nie übertreten«? Ich glaube es nicht.

Aber so ist die Sprache des nicht wiedergeborenen Menschen seinem Gott gegenüber. Wir kennen ja alle die Abwandlungen dieses Sätzleins: »Ich habe dein Gebot noch nie übertreten.« Da heißt es: »Mir kann keiner was nachsagen.« Oder: »Mein Wahlspruch heißt: Ich tue recht und scheue niemand.« Oder: »Ich will einmal vor Gott geradestehen für das, was ich getan habe.«

Wisst ihr, dass solche Sprache der größte Selbstbetrug ist? Ich habe neulich darauf hingewiesen, wie sehr sich die Welt gewandelt hat, seitdem der Herr

Jesus diese Geschichte erzählte. Wie ist seitdem die Welt entdeckt worden! Wie hat man der Natur ihre Geheimnisse entlockt! Wie hat man auf technischem, biologischem, medizinischem Gebiet die größten Entdeckungen gemacht! Nur in einem ist der Mensch gar nicht weitergekommen: in der Kenntnis seines eigenen Herzens. Wie zur Zeit Jesu lügt er sich und Gott vor: »Ich habe dein Gebot noch nie übertreten.«

Wie anders dagegen der wiedergeborene Mensch! David sagt: »An dir allein habe ich gesündigt« (Psalm 51,6). Mose: »… unsre Missetaten stellst du vor dich, unsre unerkannte Sünde ins Licht vor deinem Angesicht« (Psalm 90,8). Paulus: »Ich bin der größte unter allen Sündern« (siehe 1.Timotheus 1,15). Johannes: »Wenn wir sagen, wir haben keine Sünde, so betrügen wir uns selbst« (1.Johannes 1,8).

Es ist jetzt viele Jahre her. Da besuchte ich einen fast Achtzigjährigen. »Ach«, sagte er, »mir geht's körperlich schlecht. Wenn man so alt ist, kann man ruhig sterben.« »Halt!«, sagte ich. »Ob man ruhig sterben kann, das hängt nicht vom Alter ab, sondern vom Frieden mit Gott.« »Da steht's bei mir gut«, meinte der Alte, »ich habe nie gestohlen. Ich habe sein Gebot nie übertreten. Ich habe meine Pflicht getan …« Ich erwiderte: »Da sind Sie gut dran. Ich bin nur halb so alt wie Sie. Aber mir hält mein Gewissen so viel vor, was nicht recht ist. Und darum bin ich froh, dass ich einen Heiland habe.« »Ja«, meinte er auf einmal nachdenklich, »wenn ich's ja recht bedenke, dann ist auch bei mir nicht alles gewesen, wie es sein sollte.« Und dann – dann kam ein Sündenbekenntnis. Nun wollte er auch den Sünderheiland – und fand ihn.

Also: Der nicht Wiedergeborene sagt: »Ich habe dein Gebot noch nie übertreten.« Der Wiedergeborene sagt: »Ich bin ein Sünder. Aber ein begnadigter.«

»... und du hast mir nie einen Bock gegeben ...«

Dieser Mann hat seinem Vater nichts, gar nichts zu danken. Was er ist und hat, verdankt er sich selbst. Ja, das ist die Sprache des natürlichen Menschen. Er hat seinem Gott nichts zu danken. Ist er gesund, schreibt er's seiner robusten Natur zu. Er setzt sich an den Tisch und löffelt seine Suppe und fände es lächerlich, wenn man ihn fragte, ob er auch Gott schon durch ein Tischgebet gedankt habe. Geht es ihm gut, dann rühmt er seine Geschicklichkeit. Geht's ihm aber schlecht, dann fragt er erstaunt, wie Gott so etwas zulassen könne. Nein, er hat Gott nichts zu danken.

Wie anders der wiedergeborene Mensch! Er kommt aus dem Danken nicht heraus. Er weiß, dass er Leben und Gesundheit, Nahrung und Kleidung seinem himmlischen Vater verdankt. Und er dankt. Er dankt für Sonnenschein und für Regen. Ja, er dankt auch für die Trübsale, die Bedrängnisse (Römer 5,3), weil er weiß: Sie sind heilsam. Und vor allem dankt er, dass Gott seinen Sohn gab. Mit Jesus gibt er uns ja alles: Leben, Frieden, Vergebung, Hoffnung, ewiges Leben, Freude, Trost, Kraft.

Der nicht Wiedergeborene sagt: »Du hast mir nie einen Bock gegeben!« Der Wiedergeborene sagt: »Du hast mir in Jesus alles gegeben!«

Wie sprechen wir?

Herzen werden offenbar

Nun aber, da dieser dein Sohn gekommen ist,
der dein Hab und Gut mit Huren verprasst hat,
hast du ihm das gemästete Kalb geschlachtet.
Lukas 15,30

Ein alter Christ traf einmal einen jungen Mann. Der junge Mann klagte heftig über die Verhältnisse, in denen er leben müsste. Die seien unerträglich. Der Alte fragte: »Hast du denn schon gebetet, dass Gott dich da herausführt?« »Nein«, sagte der Junge, »das habe ich noch nicht getan.« »Nun, dann tue das!«

Nach einigen Monaten treffen sich die beiden wieder. Der junge Mann ist ganz verändert. Der Alte fragt ihn: »Nun, bist du aus deinen schwierigen Verhältnissen befreit?« »Nein«, sagt der Junge, »ich bin noch drin. Aber mir ist doch geholfen. Denn ich habe inzwischen mein eigenes Herz und das Herz meines Heilands kennengelernt.«

Eine merkwürdige Antwort! Ich möchte euch aber sagen, dass es eine sehr gute Antwort ist. In welcher Lage ihr auch steckt, welche Nöte euch auch bedrängen, welche Schmerzen euch auch plagen – es gibt für uns nur auf einem einzigen Weg eine wirkliche Hilfe: Wir müssen unser eigenes Herz und das

Herz unseres Heilands kennenlernen. Dazu verhilft uns unser Text.

Das Herz des älteren Sohnes

Jetzt will ich gleich vorneweg sagen, worauf ich hinauswill. Ich will euch sagen, dass das Herz des Menschen böse ist, unter die Sünde verkauft. Ich höre so oft den Satz: »Man muss an das Gute im Menschen glauben.« Davon weiß Gottes Wort nichts. Gottes Wort sagt vielmehr: »Erkenne die Bosheit und Verderbnis deines Herzens, sieh endlich deinen bösen und verlorenen Zustand und tue Buße!«

Ich kam bei meinen Hausbesuchen vor Jahren in eine Wohnung, wo ich einen sehr erregten jungen Mann antraf. »Raus!«, schrie er, als er mich sah. »Nun, warum denn?«, fragte ich. Da brüllte er: »Ich habe den Glauben an die Menschheit verloren. Den können Sie mir auch nicht wiedergeben.« »An mein Herz!«, rief ich da. »Wir passen zusammen! Ich habe auch längst den Glauben an die Menschheit verloren.« »Nanu? Den müssen Sie doch hochhalten!?« »Nein!« Und nun setzten wir uns zusammen, und ich zeigte ihm, wie die Bibel die Schuld und Verlorenheit des Menschen aufdeckt, dass man allen Glauben an sich verliert und dafür den besseren Glauben an den Herrn Jesus findet.

Jetzt sehen wir den älteren Sohn im Gleichnis an. Wie blind ist er gegenüber sich selbst! Stolz sagt er: »Siehe, so viele Jahre diene ich dir und habe dein Gebot noch nie übertreten …« So sieht er sich. Aber wie sieht ihn der Vater?

Zunächst als einen völlig lieblosen Menschen! Da sagt der Sohn: »Nun aber, da dieser dein Sohn gekommen ist …« »Dieser dein Sohn …!« Ist das denn nicht sein Bruder? Was ist das für eine eiskalte Redeweise! Aber sind wir anders? Das Menschenherz ist ja so lieblos, so steinhart, so eiskalt.

Und weiter! Wie sagt dieser ältere Sohn? »Nun aber, da dieser dein Sohn gekommen ist, der dein Hab und Gut mit Huren verprasst hat …« In der ganzen Geschichte bisher ist die Sünde des verlorenen Sohnes nie so hässlich und brutal hervorgezogen worden. Sie war gleichsam nur angedeutet. Aber dieser Mann holt sie hervor; dieser Mann, der völlig blind ist gegenüber seiner eigenen Schuld.

O ja, so sind wir! Unsere himmelschreiende Sünde wollen wir nicht sehen. Aber die Schuld des anderen – die breiten wir mit Behagen aus. Das ist der Richtgeist!

Und dann die Besitzgier! Der ältere Bruder könnte dem verlorenen Sohn die Übertretung des Gebots »Du sollst nicht ehebrechen« schon verzeihen. Aber dass er das Geld verschleudert hat, das wurmt ihn.

Wie fesselt auch uns dieser irdische Sinn, der sein Heil in dem sucht, was wir doch lassen müssen im Sterben, und der die ewigen Güter verachtet!

Lieblosigkeit, Richtgeist, irdischer Sinn – das sind die Kennzeichen des gefallenen Menschen. Aber das Traurigste ist noch nicht genannt: die Verachtung dessen, was uns allein retten kann, die Verachtung der Gnade Gottes in Jesus. Verächtlich sagt dieser Sohn: »Diesem deinem verkommenen Sohn hast du das gemästete Kalb geschlachtet.« Und während der Herr Jesus das sagt, sieht er die Pharisäer an, auf deren Lippen noch der Spott liegt: »Dieser nimmt die Sünder an und isst mit ihnen.«

Die Gnade ist dem natürlichen Menschen nicht nur langweilig, sondern verächtlich.

Was muss an einem Herzen geschehen, bis es sich selbst in seiner Schuld erkennt und hungrig wird nach der Gnade Gottes!

Das Herz des jüngeren Sohnes

Es ist geradezu peinlich, dass ich hiervon sprechen muss. Aber es ist nun so: Das Herz des jüngeren Sohnes ist hier im hellen Licht aufgedeckt durch das Wort: »… der dein Hab und Gut mit Huren verprasst hat …« Da ist die Macht aufgezeigt, die in den Herzen von

Jungen und Alten regiert und tobt: die Unkeuschheit. An dieser Stelle allerdings ist unsere Zeit über das Gleichnis Jesu hinaus. Diese beiden Söhne wussten: Unkeuschheit ist Sünde. Unsere Zeit weiß das nicht mehr. Sie hat dieses Gebiet freigegeben. Und darum muss ich als Prediger des Wortes Gottes auch das Recht Gottes verkündigen. Der Verkehr der Geschlechter gehört in die Ehe. Den Verkehr außerhalb und vor der Ehe nennt die Bibel Hurerei oder Unzucht. Und Gottes Wort sagt ernst: »… die Unzüchtigen und die Ehebrecher wird Gott richten« (Hebräer 13,4). Ich glaube, Gott wird auch sehr viel christliches junges Volk richten. Ach, wenn doch hier eine große Herzenswandlung erfolgen wollte!

Der Herr Jesus sagt weiter: »Wer sich scheidet von seiner Frau und heiratet eine andere, der bricht die Ehe; und wer die von ihrem Mann Geschiedene heiratet, der bricht auch die Ehe« (Lukas 16,18). Und ich sage nochmals: »Die Unzüchtigen und die Ehebrecher wird Gott richten.«

Der jüngere Sohn durchbrach alle hemmenden Wälle und gab den Fluten seiner Leidenschaft freien Raum. Er wurde dadurch sehr unglücklich. Und es ist heute noch so, dass gerade diese Sünde die Menschen unglücklich macht. Aber das führt noch keine Herzensänderung herbei.

Eine Herzensänderung gab es bei dem verlorenen

Sohn erst, als er erkannte: »Ich habe gesündigt!« Und das bekannte er vor seinem Vater.

Gerade auf diesem Gebiet ist unsere Zeit sehr schuldig geworden. Und diese Sünde Bileams hat sich eingeschlichen in Gottes Volk. Wollen wir nicht auch heimkehren?

Kehre wieder! Neues Leben
trink in seiner Liebeshuld!
Bei dem Herrn ist viel Vergeben,
große Langmut und Geduld.
Fass ein Herz zu seinem Herzen,
er hat Trost für alle Schmerzen;
er kann alle Wunden heilen,
macht von allen Flecken rein!
Darum kehre ohne Weilen
zu ihm um und bei ihm ein!

Das Herz des Vaters

Wie schrecklich ist ein Blick in ein Menschenherz! Und wer nur sein eigenes Herz kennenlernt, gerät in Verzweiflung. Aber – wie köstlich ist ein Blick in Jesu Herz! Der ältere Sohn will einen Vorwurf machen. Und doch – welch ein Ruhm der Gnade: »Nun aber, da dieser dein Sohn gekommen ist …, hast du ihm das gemästete Kalb geschlachtet.« Am Anfang unseres Kapitels machen auch die Pharisäer dem Heiland einen Vorwurf und sagen: »Dieser nimmt die Sünder an.« Ja, das tut er, Gott sei Dank! Er nimmt sie nicht nur an. Nein, er hat auch alle Schuld für sie bezahlt, alle Strafe getragen am Kreuz. Er macht sie rein und frei und lädt sie ein zu seinem ewigen Freudenmahl.

Welch ein Herz ist das Herz unseres Heilands! Er kennt uns so, dass er an uns nichts Liebenswertes findet. Und doch – er ist der, »dem allemal das Herze bricht, wir kommen oder kommen nicht«.

Aber nun zum Schluss eine Mahnung. Ein frecher Sünder, dem man das Gericht Gottes vorhielt, spottete einst: »Gott muss vergeben, das ist sein Geschäft.« Nein, so ist's nicht! Er *muss* gar nicht vergeben. Die Gnade Gottes in Jesus steht nur denen offen, die ihn fürchten, aus der Wahrheit sind und Buße tun. Aber denen steht sie schrankenlos offen.

Ein Mann in der Entscheidung

Er aber sprach zu ihm:
Mein Sohn, du bist allezeit bei mir,
und alles, was mein ist, das ist dein.
Lukas 15,31

Es ist ein erschütterndes Bild, das die Bibel uns hier vor Augen führt:

Da draußen ist die weite Welt, in der der jüngere Sohn so unglücklich geworden ist; die Welt, wie sie auch heute noch ist, heuchlerisch, verlockend, voll Betrug und Unheil. Und hier ist das Vaterhaus. Da ist Singen und Tanzen, weil der verlorene Sohn nach Hause gekommen ist: ein Lied der Gemeinde Jesu Christi.

Zwischen diesen beiden Welten aber steht ein Mann. Es ist der ältere Sohn.

Er hat bisher ganz selbstverständlich zum Vaterhaus gehört. Aber nun ist auf einmal etwas anders geworden. Das Vaterhaus passt ihm nicht mehr. Da steht er nun: steif, verschlossen und doch schwankend. In seinem Herzen ruft's: »Geh fort vom Vater! Was willst du noch bei ihm!?« Aber eine andere Stimme warnt ihn.

Ein Mann in der Entscheidung! Wie viele gleichen ihm! Da hat einer etwas furchtbar Schweres erlebt. Nun lehnt er sich auf: »Wenn Gott es mir so macht, dann mache ich Schluss mit ihm.« Oder ein anderer wird ganz gewaltig von der Lust der Welt verlockt. »Soll ich's nicht machen wie die anderen? Die haben alle doch auch längst mit Gottes Ordnung gebrochen.«

So steht man wie der ältere Sohn in der Entscheidung. Aber da tritt der Vater herzu. Mit dem Vater ist der Herr Jesus gemeint. Und was er hier sagt, sagt er allen, die ihn verlassen wollen.

»Mein Sohn ...«

In diesem Wort erinnert uns der Herr Jesus daran, wem wir eigentlich von Rechts wegen gehören. »Mein Sohn.« Ja, der Herr hat ein Recht an uns. Und wer ihm wegläuft, der baut sein ganzes Leben auf einem fürchterlichen Rechtsbruch auf.

Jesus Christus hat ein Recht an uns. Und zwar ein doppeltes Recht. Erstens hat er uns geschaffen. Er hat uns ins Leben gerufen. Er gibt uns Leben und Odem. Darum gehören wir ihm. Zweitens hat er uns erkauft. Der Herr Jesus hat den teuersten Kaufpreis für uns bezahlt: sein Blut, das er für uns vergossen hat. »Ihr seid teuer erkauft«, sagt Gottes Wort (1. Korinther 7,23). Nun hat er, er allein, ein Recht, die Hand auf uns zu legen und zu sagen: »Du bist mein.«

Es gibt ein kleines Kinderlied. Darin wird geschildert, wie lächerlich es ist, wenn ein Kind sich selbstständig macht und wegläuft: »Hänschen klein ging allein in die weite Welt hinein …« Ach, wie viele solcher »Hänschenkleins« gibt's heute, die großspurig und lächerlich ihrem Heiland weglaufen.

Aber die Sache ist mehr als lächerlich. Sie ist tragisch. Der Prophet Jesaja klagt einmal – und mit ihm möchte ich klagen –: »Ein Ochse kennt seinen Herrn und ein Esel die Krippe seines Herrn; aber … mein Volk versteht's nicht« (Jesaja 1,3). Da sagt Gottes Wort: Ein Mensch, der seinem Herrn Jesus den Rücken kehrt, ist dümmer als ein Ochse und ein Esel.

Ein Esel, der wegläuft, wird ja wohl bald einen anderen Herrn finden. Und der Mensch ohne Jesus findet auch andere Herren. Darüber wäre viel zu sagen. Aber ihr braucht euch nur umzusehen. Dann habt ihr erschütterndes Anschauungsmaterial genug.

»Mein Sohn«, sagt der Vater. Wörtlich steht da im griechischen Text ein sehr zartes Wort, das eigentlich »mein Kind« heißt. Der Herr Jesus ist kein harter Herr. Ganz zart legt er dem Schwankenden die Hand auf, die durchbohrte Hand, und sagt: »Mein Kind bist du. Bestreiten kannst du es nicht. Darum sage fröhlich ›Ja‹ dazu!«

»… du bist allezeit bei mir …«

Da erinnert der Vater den älteren Sohn an die vergangene Zeit. »Sieh«, sagt er gleichsam, »dein jüngerer Bruder war nicht allezeit bei mir. Und wie elend, unglücklich und schuldig ist er dadurch geworden. Du aber warst allezeit bei mir.« Und damit erinnert er den Sohn an das, was gewesen ist, an die schönen Stunden im Vaterhaus. Wie viel Freude und Friede war da!

Wer vom Herrn Jesus lassen will, der soll sich nur recht klarmachen, was er dahinten lässt. Du hast vielleicht eine fromme Mutter gehabt. Weißt du noch, wie dein kleines Herz still wurde, wenn sie mit dir sang: »Weil ich Jesu Schäflein bin, freu ich mich nur immerhin über meinen guten Hirten …« Diesen »guten Hirten« also willst du lassen und dir selbst deine Weide suchen? Du wirst umkommen und verschmachten in der Wüste der Welt!

Weißt du noch, wie du am Konfirmationsaltar standest und sangst: »Bei dir, Jesu, will ich bleiben … Könnt ich's irgend besser haben als bei dir, Herr Jesu Christ?« Wie klopfte dein junges Herz! Und du meintest es redlich. Das soll nun nicht mehr gelten? Wie wird dein Gewissen mahnen, wenn du deinen Konfirmationsspruch wegwirfst!

Du warst vielleicht in einem christlichen Jugendkreis. Wie war das schön, wenn ihr die Jesuslieder miteinander sanget! Und du spürtest, dass nur Jesus allein die Jugend froh und hell macht.

Du warst einmal in Not. Dein Herz war bekümmert und bedrückt. Da hast du gewusst, wohin du eilen kannst. Du kanntest den »Meister im Helfen«. Wie wurde dein Herz leichter, als du zu ihm eiltest!

Müssen wir uns nicht gestehen, dass die besten und seligsten Stunden unseres Lebens die waren, als wir mit Jesus zusammen waren?

»Mein Sohn, du bist allezeit bei mir«, sagt der Vater. Und die Frage geht gleichsam weiter: »… und das willst du nun alles verlassen? Das soll alles nicht mehr gelten? Weißt du auch, was du dafür eintauschen willst?«

Ja, was tauscht man denn für Jesus ein? Ich will's euch sagen: Das tauscht man ein, dass der Herr sagt: »Du bist nun immerdar *nicht* bei mir.« In Ewigkeit nicht bei Jesus! In Ewigkeit fern von ihm! In Ewigkeit verlassen und verstoßen von Gott! Das ist die Hölle!

O dass doch jeder, der Jesus den Rücken kehren will, sich klarmachen wollte, um was es geht: um Seligkeit oder Hölle. Wer sich das klarmacht, der wird mit Asaph sprechen: »Dennoch bleibe ich stets an dir; denn du hältst mich bei meiner rechten Hand« (Psalm 73,23).

»… und alles, was mein ist, das ist dein«

Da steht der Vater vor dem älteren Sohn. Der will weglaufen. Da sagt der Vater: »Nicht weglaufen sollst du, sondern erst *richtig* nach Hause kommen. Du beschwerst dich darüber, dass du nicht einmal einen Bock gehabt hättest, um mit deinen Freunden fröhlich zu sein. Ach, mein Sohn, das liegt ja an dir. Du warst nicht recht zu Hause. Du hättest nur nehmen sollen. Denn was mein ist, das ist dein.«

Es gibt so viele, die laufen vom Herrn Jesus weg, weil sie meinen, sie hätten nichts von ihm gehabt. Wenn es so bei uns steht, dann liegt das an uns. Dann waren wir eben noch nie *recht* bei Jesus.

Sieh nur, was der Sohn Gottes uns nun anbietet: »Was mein ist, das ist dein.« Das Wort kommt noch einmal in der Bibel vor. Da sagt der Herr Jesus zu Gott: »… was mein ist, das ist dein, und was dein ist, das ist mein« (Johannes 17,10). Also: Dem Sohn Gottes gehört Gottes ganzer Reichtum. Und nun sagt er uns: »… und alles, was mein ist, das ist dein.«

Wer das im Glauben in Besitz nimmt, der beerbt gleichsam Gott. Das ist das Evangelium. Das sagt die Bibel oft, dass wir durch Jesus Kinder Gottes und Erben Gottes werden.

Nun möchte ich viel darüber sagen, wie reich man da wird. Aber damit würde ich nie fertig. Ich möchte nur sagen: Die Märtyrer haben wohl gewusst, warum sie sich lieber töten ließen, als dass sie auf den ewigen Reichtum der Kinder Gottes verzichteten.

Ein jeder liebe, was er will;
ich liebe Jesus, der mein Ziel.

Einladung zur Freude

Du solltest aber fröhlich und guten Mutes sein …
Lukas 15,32a

Kennt ihr die gewaltige Schilderung, die uns im zweiten Buch Mose von der Gesetzgebung Gottes gegeben wird?

Da ist die Gemeinde des Alten Bundes um den Berg Sinai versammelt. Viele Tage schon haben sie diesen gewaltigen, zerklüfteten Felsenberg vor sich gesehen, der in seiner grandiosen Einsamkeit überwältigend wirkt. Aber nun ist er tausendmal schrecklicher. Der ganze Berg raucht. Eine dunkle Wolke hüllt ihn ein. Und aus der Wolke tönt ein Donnern. Schreckliche Blitze zucken. Der ganze Berg erbebt. Und dann ertönt eine sehr starke Posaune. Die Bibel sagt: »… weil der Herr auf den Berg herabfuhr im Feuer« (2. Mose 19,18). Das Volk entsetzt sich, weicht zurück, bleibt in der Ferne. Aber Mose macht sich auf in das Dunkel. Und dann redet der Herr sein Gebot! »Du sollst … Du sollst …«

Dieses göttliche »Du sollst« klingt uns auch aus unserem Text entgegen. Aber – wie freundlich und lieblich, wie gnädig und fröhlich ist dieses »Du sollst …« im Neuen Bund! »Du solltest aber fröhlich und guten Mutes sein.« Ist das nicht ein freundliches Gebot? Lass es uns betrachten.

Da enthüllt unser Gott sein Herz

Unser Gott meint es gut mit uns. Er möchte gern, dass wir fröhlich und guten Mutes wären. Und wenn wir nicht fröhlich und guten Mutes sind, dann trägt nicht Gott Schuld daran.

Unser Gott meint es gut mit uns. Die Bibel ist das Buch von der Freude. Als Gott die Menschen schuf, gab er ihnen den herrlichen Garten Eden. Und sein allererstes Gebot an die Menschenkinder war: »Du darfst essen von allen Bäumen im Garten …« (1. Mose 2,16). Da gab er ihnen Freude und Wohlleben.

Es ist nicht die Schuld Gottes, dass es zum Sündenfall kam; dass der Mensch von Gott abfiel; dass der Teufel auf die Menschen Einfluss bekam; dass Sünde und Leid und Tod ihren Einzug hielten. Nein, Gottes Schuld ist es nicht. Er meint es gut mit uns.

Auch heute noch meint er es gut mit uns, mit uns Kindern einer gefallenen Welt. Fast auf jeder Seite sagt uns Gottes Wort: Gottes Ziel ist, dass wir fröhlich und guten Mutes werden.

Die Weltmenschen glauben das nicht. Sie halten unseren Gott für einen dunklen, finsteren Gott.

Und seine Kinder halten sie für »Dunkelmänner« und »Finsterlinge«. Und sein Evangelium halten sie für eine bedrückende Sache, in der alle Lebensfreude erstickt.

Wie wenig kennen sie die Bibel! Da klingt's schon im Alten Testament: »Vor dir wird man sich freuen, wie man sich freut in der Ernte, wie man fröhlich ist, wenn man Beute austeilt« (Jesaja 9,2). Da hören wir im Neuen Testament jauchzende Engelchöre; wir hören einen Paulus rufen: »Freuet euch in dem Herrn allewege, und abermals sage ich: Freuet euch!« (Philipper 4,4). Und wir tun einen Blick in die neue Welt, in der »Gott wird abwischen alle Tränen« von unseren Augen (Offenbarung 21,4). Die Bibel ist das Buch von der Freude.

Allerdings ist es nicht eine so oberflächliche Freude, wie die Welt sie gern will. Sie ist wie ein vergrabener Schatz, den man heben muss. Die Menschen wollen gern eine Freude, die man so schnell kaufen kann wie eine Kinokarte. Aber eine solche Freude ist dann auch schnell wieder vorbei!

Mit der Freude, die Gott uns zugedacht hat, ist es anders. Zu der Freude, die die Jünger bei der Auferstehung erlebten, kamen sie erst, als sie einen Karfreitag erlebt hatten. Zu der Freude im Herrn und zu dem guten Mut kommt nur, wer in gründlicher Buße sich selbst in den Tod Christi gegeben hat. Und zur

Freude der zukünftigen Welt geht der Weg durch viel Trübsal. »Die mit Tränen säen, werden mit Freuden ernten« (Psalm 126,5). Aber – auf Freude und guten Mut zielt Gottes Absicht mit uns.

Warum sind wir nicht fröhlich und guten Mutes?

Da steht der ältere Sohn vor dem Vater. Sein Gesicht ist finster. Nein, er ist nicht fröhlich und guten Mutes. Und warum nicht? Weil er sich gegen den Willen und die Absichten des Vaters sperrt. Und viele von uns sind auch nicht fröhlich und guten Mutes. Warum? Weil sie sich gegen den Willen und gegen die Absichten des Vaters sperren.

Ich will euch eine kleine Geschichte erzählen von der finnischen Baronin Mathilda Wrede, die so vielen zum Segen geworden ist. Eines Tages klingelt es an ihrer Haustür. Sie öffnet. Da steht eine Zigeunerin. Die bietet ihre Dienste an. Sie könne wahrsagen. M. Wrede nimmt sie ins Haus, setzt Ihr Essen vor. Und dann sagt sie: »Sie kommen, um zu wahrsagen. Aber jetzt will erst mal ich wahrsagen.« Dann schaut sie ihr in die Augen und sagt: »Ich sehe, dass Sie dazu geschaffen sind, ein guter und tüchtiger Mensch zu werden, mit vielen Anlagen zum Guten. Aber Sie sind auf dem Weg, Ihr Leben zu zerstören. Sie verführen die Leute, Sie stehlen und Sie betrügen und lügen. Aber Sie sind unzufrieden mit sich selbst und leben in steter Angst. Ist es nicht so?« Da fängt das Mädchen an zu weinen und sagt: »Ja!« Und M. Wrede zeigt ihr den Weg zur Umkehr und zum Leben.

So wie M. Wrede kann ich auch wahrsagen. Es sind viele hier, die gehen auf bösen Wegen und tun Dinge, die vor Gott nicht taugen. Sie misshandeln und betäuben ihr Gewissen. Mit einem unruhigen Gewissen aber kann man nicht fröhlich und guten Mutes sein.

Und es sind solche hier, die von Gott schwere Wege geführt werden. Und nun rebelliert das Herz gegen den Herrn und seine Führung. So aber kann man nicht fröhlich und guten Mutes sein.

Und es sind solche hier wie der ältere Bruder. Die lockt der Heilige Geist schon lange zum Heiland ins Reich der Gnade. Aber sie sperren sich. Sie wollen sich in ihrer Selbstgerechtigkeit selbst behaupten. Sie wollen das Blut Christi nicht. Wer aber dem Ziehen des Heiligen Geistes widerstrebt, der kann nicht fröhlich und guten Mutes sein.

Wie wird man fröhlich und guten Mutes?

Unsere Textgeschichte gibt uns eine klare und eindeutige Antwort: nur durch die Gnade Gottes, die in Jesus für Sünder erschienen ist.

Unser Text heißt wörtlich übersetzt: »Man musste sich freuen und fröhlich sein.« Warum? Weil der verlorene Sohn heimgekehrt ist.

Man muss sich freuen und fröhlich sein, wenn man sieht, wie Gottes Gnade in Jesus einen verlorenen Sünder annimmt und umwandelt.

Und wie viel mehr muss man fröhlich und guten Mutes sein, wenn man das an sich selbst erfährt! Je älter ich werde, desto mehr merke ich es: Weder die vergänglichen Dinge dieser Welt noch treue Pflichterfüllung machen uns wahrhaft froh. Nur das macht uns ewig fröhlich, was Hiller in den Versen sagt:

Mir ist Erbarmung widerfahren,
Erbarmung, deren ich nicht wert;
das zähl ich zu dem Wunderbaren,
mein stolzes Herz hat's nie begehrt.
Nun weiß ich das und bin erfreut
und rühme die Barmherzigkeit.

Diese Freude bewährt sich sogar in der größten Not, im Sterben.

Als im letzten Krieg ein junger Bekannter von mir gefallen war, schrieb der Kompaniechef, sein letztes Wort sei gewesen: »Sterben ist nicht schlimm. Es ist schön, mit Jesus durchs Leben zu gehen und mit ihm vereint zu sein.« Erfahrene Gnade Gottes in Jesus macht fröhlich und guten Mutes, sogar im Sterben.

Richtig sehen lernen

… denn dieser dein Bruder war tot
und ist wieder lebendig geworden …
Lukas 15,32b

Der Herr Jesus ist in Betsaida angekommen. Da umdrängt ihn schon wieder das Volk: Neugierige und Hilfesuchende. Und auf einmal schieben sie ihm durchs Gedränge einen blinden Mann hin: »Herr, heile ihn!« Da recken sie die Hälse. Da klettern sie auf Mauervorsprünge. Sie wollen jetzt alle etwas sehen. Zaubervorstellung mit »Eintritt frei!« – so denken sie sich das.

Aber der Heiland nimmt den blinden Mann an der Hand und führt ihn hinaus vor den Ort. Wie gebannt schaut die Menge den beiden nach, wie sie dahingehen: Der Herr der Herrlichkeit hat den elenden, gefallenen Menschen bei der Hand gefasst und führt ihn in die Einsamkeit.

Und dann legen sich die beiden Jesushände dem Blinden auf die Augen. »Siehst du etwas?«, fragt der Herr. Der Blinde schlägt die Augen auf. Ein Leuchten geht über sein Gesicht. Schein dringt in seine Augen. Er sieht den stillen Weg entlang. Da hinten drängt die Menge heran. Er sieht sie zwar nur unscharf: »Ich sehe die Menschen, als sähe ich Bäume umhergehen«, antwortet er auf Jesu Frage. Das aber ist dem Herrn zu wenig. Richtig soll der Mensch sehen! Das ist sein Wille. Noch einmal legen sich die Heilandshände auf die blinden Augen. Und jetzt – jetzt kann der Mann richtig sehen: die Menschen dort und seinen Helfer, der vor ihm steht (Markus 8,22-26).

Richtig sehen sollen auch wir. Ich meine es bildlich. Das heutige Textwort ist nichts anderes als der Versuch, uns richtig sehen zu lehren.

Wir sollen den Bruder richtig sehen

Wir wollen uns noch einmal die Lage vergegenwärtigen, in der das Textwort gesagt wurde: Da steht vor dem Tor des väterlichen Gutshofs der ältere Sohn. Finster und verdrossen ist sein Gesicht. Und im Herzen toben Zorn und Verachtung gegen den jüngeren Bruder: »Dass der auch beständig für Aufregung sorgen muss! Erst haut er einfach ab! Dann verpulvert er sein Geld! Und nun kommt er als Bettler daher! Und der Alte muss ihm auch noch ein Fest machen!«

Da steht vor dem Zornigen der Vater. Er unterbricht die zornigen Gedankengänge. »Du«, sagt er, »es ist ja dein Bruder! Und du weißt ja nicht, wie tief sein Elend war: Tot war er. Und du ahnst nicht, was ihm geschehen ist: Lebendig ist er geworden.«

Da will der Heiland uns lehren, die Menschen richtig zu sehen. Wir sehen sie ja nur wie der Blinde, der sagte: »Ich sehe Menschen, als sähe ich Bäume umhergehen.« Wir sehen Menschen, Volksgenossen, Kameraden, Nachbarn, Freunde, Gegner … »Ach«, sagt Jesus, »du solltest sehen, dass sie deine Brüder und Schwestern sind. Und du solltest sie so sehen, dass dein Herz weint, wenn sie im Tod sind, und dass es jauchzt, wenn sie zum Leben kommen.«

Kain sagte: »… soll ich meines Bruders Hüter sein?« (1. Mose 4,9). So stehen wir alle. Wir sind ja Kains. Ich traf einmal einen alten Mann. »Wie geht's?«, fragte ich ihn. Da sagte er: »Ich bin so einsam.« Dabei lebte er in einem Haus, in dem etwa 50 Menschen wohnten. Keiner sah, dass da ein einsamer Bruder war.

Wie wenig wir uns wirklich richtig sehen, das ging mir auf, als sich ein Junge einst das Leben nahm. Und keiner wusste, warum. Da waren doch seine Eltern, seine Freunde, sein Pfarrer. Hatte denn keiner gesehen, welche Last der Junge heimlich trug? Nein! Es hatte ja jeder nur mit sich zu tun. Den Menschen richtig sehen! Ach, wenn wir es lernten! Vielleicht ist der wilde Christushasser nur ein verirrter Sohn, der den Weg heim nicht findet. Vielleicht ist dein zänkischer Nachbar nur ein liebebedürftiges Herz, das ewig enttäuscht wurde.

»Es ist dein Bruder«, sagt der Vater im Gleichnis.

»Wenn du ihn lieb hättest, sähest du sein vergangenes Elend und seine Errettung.« – »Wenn du ihn lieb hättest ...« Nur wer Liebe hat, sieht den anderen richtig.

Ich kenne einen, der uns unergründlich liebt. Und darum versteht er uns ganz und kennt uns in der Tiefe. Dieser eine ist Jesus, der Sohn Gottes, der uns sogar *Freunde* nennt.

Wir müssen die Welt richtig sehen

Da ist seinerzeit der verlorene Sohn in die Welt hinausgezogen. Oh, wie schön war die Welt! Er meinte nicht die Welt, wie Gott sie geschaffen hatte. Nein, die Welt, wie der Mensch sie geformt hatte. Es ging ihm nicht um die Pracht der Sonne, wenn sie in ihrem Aufgang sich in Millionen Tauperlen spiegelt. Es ging ihm nicht um stille Waldtäler oder um reifende Felder, über denen die Lerchen sangen. Ach was! Als der verlorene Sohn in die Welt zog, da lockte ihn etwas ganz anderes: die Welt, wie sie um uns ist, Großstadt, Erotik, Stammtisch, Vergnügen, Kino, Menschen, Neuigkeiten, Kneipen. Wie bunt schillerte diese Welt! Wie schön war sie!

Er hatte den Vater nie nach einem Urteil über diese Welt gefragt. Nun hörte er's – wenn er zuhörte –

ungefragt: Diese bunte Welt ist ein Grab. »Dein Bruder war tot«, sagt der Vater. Haben wir die Welt schon so durchschaut?

Wie wichtig kommen sich die Menschen vor mit ihren Neuigkeiten. Die neueste Mode! Und dass man die Haare jetzt *so* trägt! Und *der* Schlager! Und *der* Film! Und *da* ist was los! Und *dort*! Und wie sie einander belauern! Wie sie nach Ehren jagen! Wie sie nach Beziehungen hungern! Und dazwischen die Sorgen der Nahrung! Und irgendeinen Krach hat jeder irgendwo! Sie finden gar nicht mehr Zeit zum Schlafen, so lebendig sind sie, die Menschen. Vom Sonntag kann schon gar keine Rede mehr sein!

Ist das nicht eine quicklebendige Welt? Und da kommt nun Gottes Wort, fegt das alles weg und sagt: Tot sind sie, tot in Sünden und Übertretungen und Gottesferne. Tote Menschen, tot für Gott, umgetrieben von Todeswerken. »Dieser dein Bruder war tot.«

Die Bibel sagt: »Habt nicht lieb die Welt« (1. Johannes 2,15). Da regen sie sich auf: »Welch weltverneinendes Buch!« Was sollen wir antworten? Dies: Arme Welt! So lieb hat dich kein Mensch wie wir Christen. Wir treten sogar vor Gott für dich ein. Aber dein Wesen gefällt uns nicht. Der Herr Jesus hat uns gelehrt, diese sogenannte Welt richtig zu sehen. Wer richtig sehen gelernt hat, der hört das Wort: »Habt nicht lieb die Welt.« Wie sollte man den Tod und sein Wesen lieben, wenn man das Leben kennt! Solches Leben aber ist im Sohn, der uns mit Gott versöhnt.

Wir sollen die Kraft Gottes richtig sehen

Der Vater in unserem Gleichnis schildert die Veränderung, die mit dem verlorenen Sohn vor sich gegangen ist, in einem überwältigenden Wort: »(Er) war tot und ist … lebendig geworden.«

Das bewirkt also das Evangelium von der Gnade Gottes in Jesus: Es macht Tote lebendig.

Wenn wir die biblische Sprache verstehen wollen, müssen wir ganz umdenken lernen. Wir nennen es »Tod«, wenn bei einem der Herzschlag aufhört. Ach, sagt Gottes Wort, dieser Tod ist unwichtig. Wenn ein Weltmensch stirbt, ist das Sterben belanglos. Denn er war längst tot für Gott. Jetzt ist es nur der letzte Schritt zum Gericht. Und wenn ein versöhntes Kind Gottes stirbt, ist das auch belanglos. Es gewinnt jetzt nur das ewige Leben völlig. – Was ist denn nach der Bibel »Tod«? Tod ist der natürliche Zustand des unbekehrten Menschen. Von Natur sind wir tot in Sünden und Übertretungen.

Aber nun sagt uns unser Text: Wir können lebendig werden. Und zwar durch das Evangelium von der Gnade Gottes in Jesus. Dieses Evangelium ist die stärkste Macht. Paulus sagt einmal: »… ich schäme mich des Evangeliums (von Christus) nicht; denn es ist eine Kraft Gottes« (Römer 1,16). Im griechischen Text steht hier: »Es ist eine *Dynamis* Gottes.« Das ist dasselbe Wort wie *Dynamit*. Die Welt hat ein Dynamit, mit dem sie töten kann. *Wir* haben ein Dynamit, das lebendig macht.

Dass wir doch das Evangelium richtig sehen! Wir haben vielleicht zu Hause eine Bibel im Bücherschrank; schön schwarz gebunden, mit Goldschnitt. Und wir denken: »Ein etwas altmodisches, aber doch ehrwürdiges Buch. Ein gutes Religionsbuch für Kinder und ein Trostbuch für Greise.« Welcher Irrtum! Dynamit ist es, das harte, tote Herzen lebendig macht, sodass sie mit allen Heiligen singen:

Mein Jesus ist mein Leben,
mein Teil und mein Gewinn;
drum will ich ihn erheben,
weil ich im Leben bin.

Wirkliches Elend und wirkliche Hilfe

… er war verloren und ist wiedergefunden.
Lukas 15,32c

In der Bibel wird uns die ergreifende Geschichte vom König Saul erzählt. Dieser Mann wurde von dem Gedanken gequält, der Hirte David trachte nach seinem Königsthron. Nun wurde sein ganzes Leben eine furchtbare Quälerei. Er machte die beschwerlichsten Kriegszüge, um David in den Felsklüften und Wüsten aufzustöbern und zu fangen. Wenn ihn einer gefragt hätte: »Saul, du bist ja so elend und nervös. Woher kommt denn das?«, da hätte er geseufzt und gesagt: »Mein Elend heißt David.«

Das ist nun das Erschütternde an dieser gewaltigen Erzählung der Bibel: David wollte dem Saul gar nichts Übles tun. Das Elend des Saul hatte eine ganz andere, viel tiefere Ursache: Gott hatte ihn verworfen. Er hatte seine Heimat im lebendigen Gott verloren. Aber dies, sein wirkliches Elend, sah er nicht.

Gleichen nicht viele Menschen dem Saul? Sie stöhnen über dieses und jenes. Sie klagen über diese und jene Not. Aber ihr wirkliches Elend sehen sie nicht. Und die wirkliche Hilfe kennen sie nicht.

Das wirkliche Elend: Die Heimatlosigkeit der Seele

In unserem Text erzählt der Vater noch einmal in *einem* Satz die Lebensgeschichte des verlorenen Sohnes: »… er war verloren und ist wiedergefunden.«

Uns beschäftigt nun zunächst der erste Teil dieser Geschichte: »… er war verloren …«

Als der verlorene Sohn mit Sang und Klang, mit »Pauken und Trompeten« von seinem Vater wegzog, da begriff er zunächst gar nicht, was das für sein Leben bedeutete: Er war nun heimatlos. In der ersten Zeit ging ihm das auch noch nicht auf. Denn er hatte ja vom Vater ein so stattliches Vermögen mitbekommen. Solange das vorhielt, konnte er sich über seine wirkliche Lage hinwegtäuschen.

Aber dann war das Vermögen vergeudet. Und dann kam's an den Tag: »Ich bin ja heimatlos!« Da kam ein Abend. Die Nacht zog herauf. Alles eilte zu seiner Heimstätte. Die Vögel bargen sich in ihrem Nest. Da stand der verlorene Sohn auf einer einsamen Straße: »Ich kann nicht nach Hause, hab keine Heimat mehr.«

Und dann kam der Winter. Raue Winde wehten. Die Menschen sammelten sich »um des Lichts gesell'ge Flamme« in ihren warmen Häusern. Der verlorene Sohn aber stand draußen und fror und erlebte das Lied: »Die Krähen schrei'n und ziehen schwirren

Flugs zur Stadt. Bald wird es schnei'n. Weh dem, der keine Heimat hat!«

Das ist ein Bild der Seele, die heimatlos geworden ist. Unsere Seele hat ihre Heimat im Frieden mit Gott. Und Frieden mit Gott bekommen wir nur durch den Herrn Jesus, weil der uns durch sein Sterben Vergebung der Schuld und Rechtfertigung vor Gott schenkt. Also kann man sagen: Die Seele hat ihre wahre Heimat nur beim Heiland. Und wer Jesus nicht seinen Herrn und Heiland nennen kann, dessen Seele ist wahrhaft heimatlos.

Diese innere Heimatlosigkeit ist furchtbar bei Menschen und Völkern, die das Evangelium verwerfen. Es geht dann wie beim verlorenen Sohn. Man merkt es zuerst nicht, weil man noch ein gewisses Vermögen vom Vaterhaus mithat. Man hat noch eine Erinnerung an Gott und seine Liebe. Man kennt noch Gottes Gebote und hat noch eine Ahnung von christlichem Familienleben und christlicher Lebensgestaltung. Aber dann ist das vertan. Und dann wird die Heimatlosigkeit der Seelen offenbar.

Wie viele heimatlose Seelen gibt es! Auch unter uns. Menschen ohne Jesus sind der inneren Heimatlosigkeit ausgeliefert. »Ich kann nicht nach Hause …« – das ist unser eigentliches Elend.

Die wirkliche Hilfe: Das Heimkommen

Habt ihr schon einmal einen Menschen gesehen, der ganz glücklich ist? Nicht wahr, da müssen wir lange suchen. Jeder hat seinen Druck. Und jeder sucht die Hilfe woanders.

Dieser sagt: »Mir wäre geholfen, wenn ich mehr Geld hätte.« Jener meint: »Mir wäre geholfen, wenn ich ganz gesund wäre.« Der Dritte: »Mir wäre geholfen, wenn ich eine andere Arbeit hätte.« Und so weiter!

Meint ihr wirklich, dass die Erfüllung dieser Wünsche uns glücklich machte? Ach nein! Kaum ist uns irgendwo geholfen, stehen schon neue Schwierigkeiten, Nöte und Wünsche auf.

Es gibt nur *eine* wirkliche Hilfe für uns: dass unsere heimatlose Seele nach Hause kommt. »Er war verloren und ist wiedergefunden.« So erzahlt der Vater die Geschichte seines Sohnes. »Er ist wiedergefunden.« Das gibt es also, dass eine heimatlose Seele heimkehrt.

Ich bekam einmal einen ergreifenden Brief von einem jungen Soldaten. Da erinnerte er mich daran, wie er im Jahre 1938 als unglücklicher, sündengebundener Mensch zu mir gekommen war. Und dann fuhr er fort: »Wie fröhlich wurde ich doch, als ich endlich nach eineinhalb Jahren inneren Kampfes

Ostern 1939 den Heiland Jesus Christus als meinen Heiland finden durfte, das heißt besser: er mich fand und ich sein Eigentum werden durfte. Von da an durfte ich erfahren: ›Gott aber sei Dank, der uns den Sieg gegeben hat durch unsern Herrn Jesus Christus!‹ (1. Korinther 15,57).«

Es war im Jahre 1931. Da machte ich eine Reise durch Amerika. Reisen ist schön. Und ich erlebte viel Interessantes. Aber deutlich steht vor meiner Seele jene Stunde, als ich wieder in der Heimat war und von Bremerhaven nach Bremen hineinfuhr. Der Zug war so heiß und voll. Aber was tat's: Es war ja die Heimat! Jeder Baum und jeder kleine Schrebergarten versetzte die Seele in Freude und Wonne. Und die Sprache! Die Leute sprachen ja alle die Sprache, die ich kannte und liebte.

Es ist etwas Herrliches ums Heimkommen. Davon wussten nach dem Krieg unsere Heimkehrer zu sagen. Wie nun erst, wenn die heimatlose Seele heimkommt zum Herrn Jesus, zum Heiland, zum Seligmacher! Die ganze Welt hat nichts Gleichwertiges zu bieten. »Nicht draußen ist mein Los, nein, Jesus ließ mich ein.«

Der wirkliche Helfer: Jesus

Nun habe ich die ganze Zeit den Text ein wenig verdreht. Es heißt nicht: »Er war verloren und ist heimgekommen«, sondern: »Er war verloren und ist wiedergefunden.« Das gibt der Sache erst die richtige Tiefenbeleuchtung.

Unsere Verlorenheit und Heimatlosigkeit ist so groß, dass gar keiner von sich heraus umkehren und das Vaterhaus suchen kann. In der Zeile vorher wird das ja so ausgedrückt: Der natürliche Mensch ist »tot«.

Aber Gott kümmert sich in Jesus um uns. Er geht uns nach, sucht uns und nimmt uns in Gnaden an.

»Er war verloren und ist wiedergefunden« – das gibt es erst, seitdem der da ist, der diese Geschichte erzählt hat: Jesus, der Sohn Gottes. Seitdem er am Kreuz für Sünder starb und für uns von den Toten auferstand, ist es auch für uns möglich, dass dies unsere Geschichte wird: »Er war verloren und ist wiedergefunden.«

Der fehlende Schluss

Er aber sprach zu ihm:
... Du solltest aber fröhlich und guten Mutes sein;
denn dieser dein Bruder war tot
und ist wieder lebendig geworden,
er war verloren und ist wiedergefunden.
Lukas 15,31-32

Ich habe einen Bekannten, der liest gern recht spannende Abenteuergeschichten. Aber er liest sie ganz komisch: Wenn er die ersten zehn Seiten gelesen hat, dann guckt er erst einmal hinten nach, wie die Geschichte ausgeht. Wenn er dann festgestellt hat: Es geht gut aus, der Held wird gerettet, oder »sie kriegen sich« – dann liest er beruhigt vorne weiter.

Nun stelle ich mir vor, so einer bekäme zum ersten Mal die Geschichte vom »verlorenen Sohn« in die Hand. Wie würde er erstaunen! Da könnte er lange hinten nachsehen, wie es ausgeht. Er würde vergeblich suchen. Denn – diese Geschichte hat keinen Schluss. Lange Zeit hat uns diese Geschichte nun Sonntag für Sonntag beschäftigt. Und wir haben viel Seltsames und Wunderbares in ihr entdeckt. Aber das Seltsamste scheint mir doch der fehlende Schluss zu sein. Warum hat der Herr Jesus diese

Geschichte nicht zu Ende erzählt? Was bedeutet der fehlende Schluss?

Er bedeutet eine Frage an die Pharisäer

Die Menschen haben sich über Jesus viel den Kopf zerbrochen. Meist ohne Erfolg. Denn nur eine ganz bestimmte Gruppe von Menschen kann es fassen, wer er ist: die unruhig gewordenen Gewissen, die sich nach Vergebung der Sünden und Frieden mit Gott sehnen. Oder anders ausgedrückt: Sünder, die selig werden wollen. Die begreifen: Jesus ist der Sünderheiland.

Dies wird ganz besonders in unserem Textkapitel Lukas 15 herausgestellt. Das fängt so an: »Es nahten sich ihm aber allerlei Zöllner und Sünder, um ihn zu hören.«

Die Botschaft von Sünde, Buße und Gnade hat zu allen Zeiten den unbußfertigen, selbstgerechten Menschen geärgert. So ist es heute. Und so war es damals. So treten in unserem Textkapitel die Pharisäer auf und »meckern«: »Dieser nimmt die Sünder an und isst mit ihnen.«

Daraufhin sagt der Herr Jesus: »Ich will euch einmal eine Geschichte erzählen.« Und nun erzählt er von dem Vater, der zwei Söhne hat: »Der jüngere lässt sich sein Erbe auszahlen, verlässt den Vater und zieht in die weite Welt. Dort bringt er sein Gut durch mit Prassen. Als er bettelarm ist, kommt zu allem Unglück eine Hungersnot. Und der junge Mann endet als Schweinehirte. Aber aus diesem Elend kehrt er um, bekennt seine Schuld und wird vom Vater herrlich aufgenommen.« Während der Herr Jesus diese Geschichte erzählt, hören ihm die Zöllner und Sünder atemlos zu. Sie nicken sich zu: »Das ist unsere Geschichte! Ja! Angenommen sind wir!«

Aber der Herr Jesus fährt fort: »Da ist noch der ältere Bruder. Der kommt vom Feld, hört den Festjubel und ruft einen Knecht: ›Was bedeutet das?‹ Als er erfährt, dass sein Bruder heimgekommen ist, wird er zornig und weigert sich, ins Vaterhaus zu gehen. Da geht sein Vater heraus und bittet ihn: ›Du solltest fröhlich und guten Mutes sein. Denn dieser dein Bruder war tot und ist wieder lebendig geworden, er war verloren und ist wiedergefunden …‹«

Da bricht der Herr Jesus die Geschichte ab. Die Pharisäer haben ihn wohl verstanden. Sie haben begriffen, dass sie mit dem Bild des älteren Bruders gemeint sind. Und sie wissen: »Den Schluss der Geschichte müssen *wir* jetzt schreiben. Denn nun sind wir gefragt, ob wir auch ins Reich der Gnade eingehen wollen – oder ob wir weiter draußen stehen wollen.« – Sie gingen weg und ließen die Frage unbeantwortet.

Er wird zur Frage an uns

Die Maler haben sehr oft die Geschichte vom verlorenen Sohn gemalt und gezeichnet. Es gibt von Dürer zwei ergreifende Blätter, auf denen man den verlorenen Sohn zwischen den Schweinen sieht, wie er in sich schlägt. Der französische Maler Burnand hat den heimkehrenden Sohn gemalt. Und ein anderes Blatt kenne ich von ihm, auf dem der Vater dargestellt ist, der nach dem Sohn ausschaut. Von Rembrandt gibt es eine Reihe herrlicher Bilder zu unserer Geschichte. Mir ist es nur merkwürdig, dass es wohl gar kein Bild gibt von dem älteren Sohn. Wenn ich Maler wäre, wollte ich dieses Bild malen: Da steht der ältere Sohn, überzeugt von sich selbst, selbstgerecht und ungebeugt. In seinem Gesicht spiegelt sich der Widerstand gegen dieses Vaterhaus, in dem die Gnade regiert und die Liebe Triumphe feiert. Und vor ihm steht der Vater, werbend und bittend, voll unendlicher Liebe auch zu diesem Sohn.

Sehen wir das Bild vor uns? Dann verstehen wir, warum kein Maler es malen wollte. Er hätte dem älteren Sohn seine eigenen Züge geben müssen.

Denn was hier in unserer Geschichte erzählt wird, das ist ja die Geschichte einer jeden Seele, die mit dem Evangelium zusammenkommt. Da ist die Tür, die enge Pforte, die hineinführt ins Vaterhaus, in das

Reich der Gnade, wo Friede und Freude im Heiligen Geist regieren. Und da steht der Heiland und lädt ein und wirbt. Und der Heilige Geist mahnt im Herzen: »Du solltest nun endlich auch ganz deinem Heiland folgen. Du solltest ein Ende machen mit der bloß äußerlichen Zugehörigkeit zum Christentum! Du solltest auch endlich dich bekehren und deines Heils gewiss werden!« Aber das verfinsterte Herz wehrt sich und bäumt sich auf: »Ich bin doch auch so recht und gut. Und wer weiß, was eine solche ganze Auslieferung für Folgen hat?!«

Wie viele kenne ich, die so vor der Tür stehen, die für sie offen ist, und die doch den letzten Schritt nicht tun!

Darum hat der Herr Jesus den Schluss der Geschichte nicht erzählt: Du, du selbst sollst mit deinem Leben den Schluss schreiben. Mit dem fehlenden Schluss fragt der Herr Jesus jeden von uns: »Wie willst du es nun halten? Tust du den letzten Schritt ins Vaterhaus – oder tust du ihn nicht?«

Wie die Geschichte doch ihren Schluss bekam

Wisst ihr, wann die Geschichte ihren Schluss bekam? Damals, als die Pharisäer mit dem ganzen Volk des Alten Bundes vor dem Palast des Pontius Pilatus standen. Vor ihnen auf dem Hochpflaster Gabbatha stand der Mann, der ihnen die Geschichte erzählt hatte – der Mann, der sich selbst in dem Vater der Geschichte gezeichnet hatte – der Herr Jesus. Der stand da – im Dornenkranz, gegeißelt und blutüberströmt.

Damals schrieben die Pharisäer den Schluss der Geschichte, als sie schrien: »Kreuzige, kreuzige ihn!« (Lukas 23,21). Das ist der Schluss: Der ältere Bruder schlug den Vater ans Kreuz. Er schlug den Vater tot.

Das ist erschütternd! Und wer nun noch an die Welt und an die Menschen glaubt, der ist ein Narr.

Aber – ja, nun kommt noch ein großes »Aber«. Der lebendige Gott benutzt auch die Bosheit der Menschen, um sein Reich zu bauen. So ist dieses Kreuz Jesu nicht das »Ende vom Lied«, sondern – darf ich so sagen? – der Anfang vom Lied. Durch sein Sterben nämlich ist der Herr Jesus erst recht zum Vater unserer Geschichte geworden, zum Vater, der verlorene Söhne annimmt. Denn nun hat er ihre Schuld weggetragen. Nun hat er ein neues Kleid der Gerechtigkeit für sie erworben. Und seit er auferstanden ist von den Toten, streckt er unablässig seine durchbohrten Hände aus nach Sündern, die selig werden wollen.